把夢想的問號
變成驚嘆號！

這是即使不打籃球的父母
也受益無窮的
22堂體育&教養課

林繼明／著

Part 1

夢想萌芽～
籃球癮的實踐，行行出狀元

Part 3

振翅起飛～
躍高前的蹲低，爆發的前兆

Part 4

飛龍在天～
時機成熟，林來瘋席捲全球

Part 5

未完待續～
從美國到兩岸，
書豪書緯如何正向影響華人籃壇

Part 6

因信偉大～
籃球、信仰和公益，
讓世界更好的 THE LIN'S

林爸爸籃球小教室

林爸爸教養小教室

讓下一個林來瘋，
出現在你家我家的最好範本

何飛鵬
(城邦媒體集團首席執行長)

　　林書豪和「林來瘋」都是大家耳熟能詳的。2012 年 3 月 26 日城邦出版集團旗下的「商周出版」曾出版了一本《林書豪的故事》，仔細介紹了他的故事；同時，我為該書寫了一篇名為〈穿上玻璃鞋的灰姑娘，然後呢？——林書豪還有長路要走〉的推薦文。期許林書豪在掀起「林來瘋」的 7 連勝之後，面對隨之而來的 6 連敗不要氣餒，並提醒「唯有靜下心來，耐住性子……千萬要耐得住寂寞。當然如果再遇到挫折，也是希望，千里之行，始於足下，林書豪的路子才剛開始。」

林來瘋與優勢教育法

　　於是，在十多年後，我們看見了一個非常成熟和智慧的林

書豪。球場上各項技術和數據都臻於巔峰，他拋開個人勝負，不自私地只為團隊，充分享受讓隊友更上層樓的樂趣，球隊戰績反而不降反升。這就是一個聰明球星的價值！不只如此，林書豪場下的各種貢獻更是有目共睹，獲得眾人的讚許！

然而，肯定很多人和我一樣疑惑，這樣的好孩子，到底是怎樣培養出來的？這當然就要提到林書豪的父母了。

林書豪的父母，林繼明先生和他的夫人，兩個人都是去美國念書的留學生，共組家庭後，生了老大林書雅、老二林書豪和老三林書緯三個兒子；同時，他們將自身受東方教育的背景，結合孩子接受的西方教育特點，相互磨合並截長補短後，形成了一種融合東西方教養的優勢教育法——也就是本書所提到的 22 堂體育 & 教養課，因此培育出了個性堅毅、樂觀進取且聰明好學的三兄弟。

老大林書雅畢業於加州大學洛杉磯分校（University of California，UCLA），後來成為牙醫師。二兒子林書豪畢業於哈佛大學（Harvard University）經濟系，為前 NBA 美國職業籃球運動員、讓全球瘋狂的「林來瘋」的締造者，現為 PLG 新北國王隊球員。三兒子林書緯畢業於紐約漢密爾頓學院（Hamilton College），和哥哥林書豪一樣皆為

新北國王隊球員。

用「自慢」掌握核心能力

而林書豪的父親林爸爸，林繼明先生，他和我也有十多年的緣分。

當初，「林來瘋」狂潮初起後，我就注意到林繼明先生接受媒體訪問，所闡述的一些教養的方式、觀點和想法，非常符合我創業的「自慢」理念，這引起了我的興趣。

終於，一次因緣際會的會面與交談後，我們互相交換了許多彼此的觀點，發現到一個想法上的共通點，就是「人生、工作與生涯，是一條永無止境的探索之路，自己的拿手與在行，是不是比別人更好，其實不知道，但絕對是自己最自信、最有把握的事。我們一生都在追逐、學習最拿手的能力，有了核心能力，就可優游自在！」

而所謂「自慢」，在日文中就是形容「自己最拿手、最有把握、最專長的事。」這一點和林爸爸的想法不謀而合，也正是他們夫妻教養孩子的心法之一。英雄所見略同，這點恰好也是我創業以來一直堅持的「核心價值」，並蒙林爸爸

不棄，作為勉勵孩子的來源之一。

　　林爸爸在本書中引用《自慢》系列書中「面對比賽輸球時的態度與改進上」相關的應對方式，以勉勵三兄弟藉此磨練，作為進階、成為高手的手段之一。這也讓我回想起自己在打橄欖球時，強調的比賽勝負關鍵的道理只有一個：「如何將攻擊進行到底，並創造出優勢位置的球隊，往往就是獲勝的一方。」

　　總之，立定目標，朝著夢想勇敢前進、不計勝負、堅持到底，這是想要成功不變的真理之一。

陪伴功夫深，下一個林書豪在你家

　　林爸爸夫婦最令我佩服的其中一點就是：陪伴。林家三兄弟自小到大的籃球賽事他們幾乎不曾缺席，即時無法親自到場，也會透過線上直播全程觀看為孩子加油打氣！當時就已經參與超過 5、6 百場，時至今日，更是超過了 1,000 場！他們如此用心用情的陪伴，不可謂不深，難怪能教出三位出色的孩子，光是這一點就非常值得為人父母的看齊與效法了。

　　因此，三兄弟的好教養自然就在本書所揭示的以愛、陪

伴和信仰為根基的 22 堂課了。

　　這本書對於家中有體育、藝術和音樂等各種發展潛能的孩子，更是值得參考。可以讓父母或教育者瞭解，如何正確地陪同孩子一起探索人生中的興趣與愛好，並在課業與興趣中取得平衡，並從中瞭解可能面臨的問題與挫折，學習因應態度和解決問題的能力，是一本不可多得的好書。

　　簡而言之，這本書就是協助我們瞭解如何培養與打造如同林家兄弟所擁有的核心價值與能力，讓下一個林來瘋得以在你家出現最好的範本，我真心推薦給各位！

推薦序 2

「瘋」兒其來有自，
幫助每個孩子都能「林來瘋」

黃明鎮

(更生團契總幹事 & 輔導青少年 36 年)

　　「林來瘋」（Linsanity）的締造者林書豪名聞全球，林爸爸——繼明兄，雖是個溫文儒雅的書生，卻也謙卑、明智過人。

　　多年前認識林爸爸後，他說起當年在臺大念書，逛書店時，常看到店家在播放精彩的 NBA 影片。他雖非運動員，只因那些球員球技非常吸睛，大大吸引了他，於是讓他立定志向，以後去美國讀書，一定要「把 NBA 看個夠！」

　　「來來來，來台大，去去去，去美國！」後來雖然美夢成

真了，卻沒想到拿到博士、結婚後，工作忙碌，導致常常感到筋疲力竭，於是就想到「該運動了！」

接著就開始去球場鍛鍊。

「無心插柳柳成蔭！」那時三個孩子都還小，爸爸要運動，那乾脆就帶他們三兄弟，去籃球場玩，甚至自己家裡架籃球架，父子四人就一起打球啊！

打完球，或是邊打邊看 NBA 的影片，發現原來籃球可以這麼靈活的跳投得分。哇！太棒了！

日子一久，孩子漸長，就這樣練出來了體壇名將，繼明兄也因著運動及篤信基督，身、心靈愈發健壯，全家人也愈來愈經歷到神許許多多的祝福！

忝為一位犯罪預防及矯正工作者，我深盼讀者能從林爸爸的大作，獲得教養兒女的基本原則，尤其在日常生活裡，要落實給孩子們多一點時間陪伴及磨練；更重要的是，還要給他們一個美好的榜樣，讓他們在年幼的時候，因有很好的學習典範，進而奠定了未來成功的根基。

因為同為彰化出身，我曾邀他回家鄉舉辦幾場演講，場場

推薦序2 「瘋」兒其來有自，幫助每個孩子都能「林來瘋」

座無虛席。尤其是到彰化田中的矯正學校，他更期勉學生們要學習忍耐，因為林書豪能有今天，就是他知道「患難生忍耐，忍耐生老練，老練生盼望」而努力克服種種難關的結果。

末了，我也期盼台灣的年輕人，要好好效法林書豪，因他不只球打得好，他的人品一樣好。

我聽過他給台灣的球友及粉絲三句話：

Never give up 永不放棄
Never give in 永不妥協
Never lose hope 永不失望

這種堅忍不拔，永不放棄的精神，如果從年幼的時候，就能「向下紮根」，長大之後，必能「向上結果」，果實纍纍，前途也就無可限量！

祝福所有的讀者：健康快樂、全家幸福無比！每個孩子都能成就下一個「林來瘋」！

2023、9、9

感謝父親
讓我成為現在的我

林書豪

（NBA 知名球星、「林來瘋」締造者、PLG 新北國王隊球員）

This book is about my father's inside perspective into his story, how he and my mother raised me and my two brothers, and how his immigrant journey and his family's sacrifices gave me an opportunity to live the life I live. Anyone that knows me knows how deeply I love my family. It brings me joy to see my family achieve their dreams and it has long been my dad's dream to share about his own life. I hope it also makes you think about your own family and the people who helped make you who you are. Love you dad.

這本書是關於我父親從他的視角分享他的故事與內心世界，也包括他和我母親如何養育我和我的兩個兄弟、他的移民之旅以及父親的家人們的犧牲是如何帶來機會，讓我得以過上我現在所擁有的生活。任何認識我的人都知道我有多愛我的家人，能見證我的家人實現他們的夢想是讓我非常欣喜的，而分享屬於他自己的生命故事一直以來都是我父親的夢想。我希望這也能讓你想到你的家人、和那些幫助你成為現在的你的人。

　　愛你，爸爸。

Who is the next？
你的孩子可能就是下一個「林來瘋」

本書寫作的過程，大概花了一年多的時間。我每天早上吃完早餐，就去家裡附近的星巴克，買杯咖啡坐在沙發上，開始回想過去幾十年來和孩子們的互動以及生活當中的點點滴滴，再用我的 iPad，一字一句真實地紀錄下來。細細回顧我整個人生，非常感謝我的太太確實花很多時間在孩子身上，若沒有她的協助，我一個人絕對完成不了教養孩子這樣的人生任務。

愛的傳承，讓人生更完整

我之所以花大半的精力在家庭及孩子身上，實在是因為

父親在我 5 歲就離世的那種遺憾感所產生的動力。我與父親相處時間很短暫，少了父親等於少了一位人生領航員，所以那份時時刻刻對父親的懷念，無形中把我所有的父愛完全傾注於他們三兄弟身上。

帶他們一起打籃球、陪他們做功課、一起釣魚、上主日……等等，盡量不在他們成長的階段中缺席。三兄弟自小到大的籃球賽事幾乎不曾錯過，即時無法親自到場，也會透過線上直播全程觀看，全部累計已超過 1000 場。

所幸，在我和我太太兩人胼手胝足努力下，三兄弟都能好好成長。老大書雅成為一名牙醫師，老二書豪和老三書緯都成為職業籃球員，書豪還創造舉世聞名的「林來瘋」，兄弟兩人如今更在臺灣職籃的新北國王球隊一起打球，共同為籃壇和社會繼續做出貢獻，令人鼓舞和欣慰。

之所以會有這些重要的人生轉折，根源於我 20 歲時患上的「籃球癮」說起。

夢想萌芽，人生轉折令孩子受益

當年，偶然在唱片行電視上看到正在轉播美國職業籃球

聯賽（National Basketball Association，簡稱 NBA）的籃球超級巨星精華集錦（highlights）。頓時，我完全被吸引住，整個人也和現場觀眾一樣，由充滿好奇到略感驚訝，再到情緒高漲。對我這個整天只知道念書的理工書呆男來說，那是一個完全無法想像，卻又令人神往的新世界，「籃球癮」就這樣開始了！

直到從事半導體工程師的工作後，下班後都非常疲累，才驚覺體力奇差無比。於是為了自己身體健康，就從不只愛看籃球，到真正開始嘗試打籃球。更因為喜愛偶像──天勾賈霸，因而花了超過 5 年時間苦練打籃球和勾射；之後，也開始參加業餘比賽，並在三兄弟陸續出生後，也帶孩子們和我一起打籃球，以培養運動習慣來鍛鍊身體。

我從來都沒想過，熱愛籃球這件事不只改變了我的生命，也對我三個兒子的生命也都產生了不一樣的啟示。

書豪受傷，反成為本書得以進行的契機！

這樣的生命歷程，促使我在 2010 年書豪剛剛進入 NBA 時，就動了想寫本書的念頭。兩年後，隨之而來的「林來瘋」所掀起的狂潮席捲全球時，更讓我寫書的念頭愈發堅定。

直到 2017 年 10 月 18 日，書豪所屬 NBA 籃網隊開季的第一場比賽，他卻因為右膝髕骨肌腱破裂，導致整個賽季報銷！這個消息震撼了我們整個家族，大家頓時陷入愁雲慘霧當中。幸好在籃網球團專業的安排下，將書豪送到溫哥華去復健 5 個月的時間後，接著暑假的訓練，到了下一個球季的開始，書豪終於完好如初地回到球場上。

　　歷經了這樣嚴重的傷病之後，讓書豪感到世事難料，也因此意外促成了大家對出版本書的共識，則是始料未及。而更始料未及的是，接下來隨著他跟多倫多暴龍隊奪冠後，NBA 生涯卻嘎然中止。儘管這些輝煌突然停頓了，所幸最後找到回歸華人籃壇這扇開啟的門。

　　加上 2020 到 2022 年新冠肺炎這三年的停擺，五年的時間讓本書的後續出版遭受了嚴重的延遲，或許這也是上帝奇妙的安排。因此，當疫情趨緩、生活逐漸回到正軌的同時，非常巧合地，這時候書豪也計畫回到臺灣職籃，甚至計畫和書緯同隊，實踐兄弟攜手一起征戰籃壇的多年願望，使得本書的發行上市出現了曙光。

家族精神永遠流傳

同時，這本書也希望能夠描述我們的家族精神，作為一種回憶錄傳承給後代子孫。

之所以會這樣想，起於和三兄弟聊起以前他們小時候的事，才發現他們對於小學五年級之前的記憶是斷斷續續、模模糊糊的，大部分都記不得，更不用說是誰教他們拿筷子吃飯、如何開始打籃球等等事情；再加上有關書豪的紀錄片中，他們成長的過程往往只是幾句話就輕描淡寫帶過去，沒有詳盡地介紹，令人遺憾。

俗話說「富不過三代」，為什麼？其實這不僅僅意指財富而已，真正的內涵是在所謂的「家族精神的消失」上面。因為第一代的打拼精神，到了第二代已經記不太多了，如果沒有花時間把這些精神教育、傳承或紀錄交給第二代，讓他們親自參與、體驗和持續，到了第三代幾乎已經完全不記得第一代是如何打拼出來的，家風的維持和家族精神的傳承自然都無以為繼了，也才會有「身在福中不知福」這些警世語言的出現。

所以，我希望本書能傳達「滴水之恩，當湧泉相報，並

感謝第一代帶給後世子孫的福祉」這樣的精神傳承給後代子孫。所以「飲水思源」的精神必須永存，這才是最重要的家風，也才能「富足萬代」。

協助父母培養出下一個林書豪

疫情趨緩後，出版社終於等到時機成熟了，於是重新開始進行出版本書的計畫。

這本書不僅僅是分享我們夫妻陪伴、教養三兄弟的 22 帖體育 & 教養秘笈，以及個人家族的精神傳承之外，更重要的則是希望本書能幫助各位父母，以本書總結出來的夢想、信仰與陪伴這三大教養原則，再根據各自家庭狀況以及孩子的特質，最終能夠協助孩子探索出屬於他們自己獨步世間的專長與興趣，進而邁出腳步，勇敢地實踐和追求它。

我們這樣普通而平凡的家庭可以，相信每個望子成龍、望女成鳳的父母，或是即將成為父母，甚至打算成為父母者，本書都希望能夠對你們有所幫助，以便——下一個林書豪可能就在你們家！

把夢想的問號
變成驚嘆號 🏀

Part 1

教養篇 1
夢想萌芽

籃球癮的實踐，行行出狀元

我的籃球癮無藥可救，
看 NBA 看到像研讀博士班一樣認真。
對於籃球，我有數不完的熱情。

【第 1 堂課】
一切都是從「想看 NBA」開始

本來只是想看一場完整的球賽而已。

1970 年代，臺灣沒有任何頻道轉播 NBA 整場賽事，很偶然才會播出某些精彩片段。那時還在念大學的我就想，要是畢業後到美國留學，不只能念書拿學位，還能看 NBA，不就兩全其美了嗎！？

籃球夢──從想看一場完整球賽開始

1970 年代，我在臺北市公館念臺灣大學機械系。每到中午休息時間總會幾個同學相約去校外吃午餐。吃完午餐，時間上還算充裕，便會到學校大門附近的一家唱片行去。在那

個休閒活動沒那麼多元豐富的年代，唱片行就像大學生面對極大課業壓力的喘息基地，要是沒事沒課，就往那裡跑，晃一晃，看一看，就知道有沒有新的唱片發行。

▲ 1975 年，我的臺灣大學機械系畢業照。

那時候，美國流行音樂在臺灣大學校園內很流行，像是披頭四樂團（The Beatles）、老鷹樂團（The Eagles）、賽門與葛芬柯二重唱（Simon & Garfunkel）、蜜蜂合唱團（Bee Gees）、木匠兄妹（The Carpenters）、芝加哥合唱團（Chicago）、艾爾頓強（Elton John）、佛利伍麥克樂團（Fleetwood Mac）、約翰丹佛（John Denver）、滾石樂團（The Rolling Stones）、尼爾戴門（Neil Diamond）、史提夫汪達（Stevie Wonder）等，他們的歌幾乎每個大學生都能哼上幾句，否則就落伍了。

以上幾位歌手或合唱團，都是我非常喜歡的，而且常常聽他們的歌，買他們的唱片。所以念書之餘，有空就逛逛唱

片行，如果這些歌手或樂團又出了新專輯，必買回家，好好欣賞他們的新歌。

臺灣當時流行樂壇的歌星，通常是演唱作曲家幫他們編寫的歌曲，很少能自己創作歌曲自己唱。美國和英國歌星或樂團不一樣，大多能自己創作自己唱。雖然對英文歌詞聽起來一知半解，但歌曲的旋律深深吸引著我，覺得水準很高，百聽不厭。到現在，我還是常常聽他們的音樂。當時一聽到艾爾頓強的「Philadelphia Freedom」或 Bee Gees 的「Massachusetts」就想到在美國地圖上看到的城市名稱，當時很多大學畢業生，為什麼對美國這麼嚮往？很簡單，就是把想像中的美國看成「追夢之鄉」的人間天堂，如此而已。

有一天，無意間看到唱片行電視上正在轉播美國職業籃球聯賽（National Basketball Association，簡稱 NBA）的籃球超級巨星精華集錦（highlights）。頓時，我完全被吸引住，看到出神的我，還差點忘了上課的時間。自此以後，每次路過，我總習慣性抬頭看看電視有沒有轉播 NBA 的精華集錦。如果有，只要時間允許，我就會駐足觀賞，直到播畢為止，否則也會逛逛唱片行或回學校上課去。

本來唱片行的電視是用來播報新聞和連續劇的，偶爾會

穿插一些體育新聞。在建國中學念書時，只知道當時建中籃球隊在全臺灣高中算是頂尖的（後來有分級後也一樣變成乙級的勁旅）。校園裡，碰到籃球隊員，身材都很高，但自己從來也沒有去看球賽，整天只知道念書，準備升學。

但 NBA 就是美國成人的職業籃球聯盟，聽起來不可思議，心想打籃球也可以當職業嗎？而且據聞有一位叫張伯倫的籃球員（威爾頓・諾曼・張伯倫，Wilton Norman Chamberlain，生於 1936 年 8 月 21 日，歿於 1999 年 10 月 12 日，享年 64 歲），一場球賽居然可以拿下 100 分，真是難以置信！但那時也根本沒機會在電視上看過。

不過，非常幸運的是，也是在唱片行看到 NBA 的明星精華集錦，正好看到張伯倫對抗其他超級球星，還能隨心所欲地在禁區得分的畫面。因為是精華集錦，雖然只是幾十分鐘的轉播，但比賽場面非常精彩、刺激，甚至說得上火爆，也因此深深地吸引著我。

▲ 我在建國中學讀書時的照片，當時只知道念書不了解運動的重要性，算是標準的「書呆子」。

對我來說，美國職業籃球聯賽好像有股無法抗拒的魅力。回家之後，我反覆尋找有沒有美國職業籃球聯賽的電視轉播，在那個年代，臺灣並沒有電視臺取得球賽的轉播權。換成現在，上網 KEY 幾個關鍵字，大概想看什麼比賽都找得到。但在當時電腦、網際網路都不發達，不太可能有機會看到整場的正規比賽，只是偶爾電視臺會有一些精彩片段播出。

　　我就在想，要是大學畢業之後，能到美國去留學，不只可以念書、拿學位，還可以觀看 NBA 的轉播，真的實現的話，就兩全其美了。這個夢想就成為了我的動力，即使我始終不知道我離它有多遠。

　　1975 年，我從臺灣大學機械系畢業後不久，終於申請到了位於美國維吉尼亞州（Commonwealth of Virginia）諾福克（Norfolk）的老道明大學（Old Dominion University）的機械系碩士獎學金（也就是說，我不是拿臺灣公費獎學金去美國讀書的）。還記得家人一聽到我要前往美國留學，在經濟條件很有限的情況下，仍然給予最大支持，不僅到處幫我張羅行李，還湊足兩千美元要讓我帶上。

　　這是因為以當時我們的升學環境來看，大部分大學畢業生都會到美國留學，特別是臺灣大學的畢業生，出國留學比

率非常高。只是這次來得太突然，大家都沒有心理準備，特別是母親。她一再叮嚀我，一個人在國外，一切需要自己小心，要懂得照顧自己，可以感覺到母親的急切和憂慮的心情。兄弟們倒覺得，到美國留學，更上一層樓，是好事。家人更是千叮萬囑，一定要定時寫信回來。後來家人暗地裡告知，若是母親很久沒有接到我的來信，她總是暗中哭泣。

因此，我除了定期寫信和家裡聯絡外，後來孩子出生之後

▲ 我的母親來美國看我們，和孫子林書雅（中）、林書豪（前）在舊金山金門大橋攝影留念，祖孫三人都非常開心。

也都安排媽媽來看孫子；同時，也都盡量帶三個孩子回臺灣探親。不僅僅是安慰母親和自己的思鄉之情，更是希望三個孩子能夠認同自己的家鄉，有機會的時候能夠做出更多貢獻。

有行動的夢想，不會只是一場夢

1977 年 1 月，我飛往美國。

上了飛機，我剛好坐在靠近窗戶的位置，隨著逐漸飛離機場，窗外的故鄉愈來愈小，愈來愈遠。畢竟是從小和家人一起生活二十多年的地方，諸多回憶在此刻一一湧現。心裡有著到異鄉求學的盼望，也有著離開故鄉的不捨與忐忑，想著這一趟遠行，就得獨力生活，望著窗外的雙眼，仍忍不住落下幾滴眼淚。即使如今事過境遷，幾十年過去，臺灣往返美國這條路線早已飛過數十次，這一刻依舊歷歷在目。

當年到美國留學，是我人生第一次坐飛機離開臺灣。舊金山國際機場是飛機停留的第一站，再轉機飛到維吉尼亞州（Virginia）的諾福克（Norfolk）機場。

那時，臺灣到美國的留學生不是那麼多，不見得每個學校都有臺灣的學長學姐照顧，更何況我的英文聽講能力非常

有限，難免更加緊張焦慮。還好我念的學校剛好有華人同學會，他們非常熱心，還派人到機場接我。這對剛到美國、人生地不熟的留學生而言，是很大的幫助，也讓我這個異鄉遊子安心不少。

從機場出發，一路舟車勞頓，總算來到美國東部的老道明大學附近、留學生租住的地方。一進門，行李才放下，都還沒來得及好好看一看未來幾年要住的環境，甚至連睡覺的房間都還沒踏進去，我就急忙打開電視，迫不及待就是要看看有沒有美國職籃的球賽轉播。

遙控器按了按，前面幾個頻道就看到了我「夢寐以求」的完整球賽，不是精華集錦的片段而已。很慶幸的是，我拿的是冬季獎學金，1月份恰好是美國職籃例行賽球季，才能一轉開電視就看到轉播。

當時是美國職籃的例行賽，還不是季後賽。雖然在電視上看到整場的比賽，事隔多年，倒也沒有留下當時對哪一個球隊或球星有特別的印象，因為剛到美國，對每隊背景和球員還不是很熟悉。留學生在經濟上都是剛剛好可以過生活，餘錢不多，所以從來就沒有念頭想去買票到現場看比賽，而且職籃比賽的票價很貴。

我的美國留學生涯和熱愛（要說沉迷也不為過）籃球的癮就此展開。這一晃眼，四十幾年就過去了。我想都沒想過，熱愛一件事會改變我的生命。

我的籃球夢並沒有因為如願看到 NBA 轉播而中止，而是不斷地延續下去，一直延續到我的家、我的孩子、我的工作，再延續到 NBA 書豪的林來瘋，還有書緯回到我的故鄉臺灣打超級籃球聯賽（SBL）富邦勇士隊（2019 年由臺北市政府冠名為臺北富邦勇士隊）和參賽東南亞職業籃球聯賽（ABL），以及目前的 P.LEAGUE+（PLG）的新北國王隊，甚至書豪以 34 歲年齡回臺，先是參加 PLG 的高雄鋼鐵人隊，如今則轉隊到新北國王隊，和弟弟書緯合體，實現了兄弟兩人同隊的心願。接下來更可望掀起雙林旋「瘋」！一切的一切都是我沒預料過的神展開！

球賽不只是賽事，更是生活大小事

1978 年 8 月，我從老道明大學畢業，取得機械系碩士學位。那年，我跟太太吳信信在諾福克結婚，她是我在老道明大學念書時認識的。婚後，我們一起前往印第安納州（State of Indiana）的普渡大學（Purdue University）改為攻讀電

▲ 我沒有完成的夢想，兒子林書豪幫我完成了！抱著林書豪 2019 年在多倫多暴龍隊拿下 NBA 總冠軍的總冠軍金盃，心中無比興奮與驕傲，卻也五味雜陳。

機系博士。

普渡大學主要校區所在的西拉法葉（City of West Lafayette）是個大學城，意思就是城市的經濟是以大學為中心，並沒有刻意發展其他的工業。取得碩士學位之後，我繼續在此攻讀博士，前前後後在這邊待了 6 年左右的時間，從 25 歲到 31 歲，更明顯體會到周圍朋友對運動賽事的熱衷。

兩個學校相比，老道明大學是一個小學校，學生人數不多，校園也不大，周圍的同學和朋友很少談及運動的賽事，加上剛到美國，對校園環境不熟悉，感覺上學生對運動賽事比較不熱衷。

但到了普渡大學讀書時，我就住在學校附近，雖然這裡的環境純樸靜謐，充滿人文氣息，但運動風氣卻也意外地興盛。冬天的大學城老是在下雪，積雪不融，戶外一片雪白，外出很不方便，所以除了去學校上課，非必要根本不想出門。課餘時間索性就待在室內看 NBA 或 NFL（國家美式足球聯盟，National Football League 的縮寫，是世界最大的職業美式足球聯盟）的球賽轉播。

印象很深刻的是，在 1979 年末到 1980 年初，是 NBA 費城 76 人隊（Philadelphia 76ers）和波士頓塞爾提克隊

（Boston Celtics）爭奪美國職籃東區冠軍的時候。只要有空閒，學生會經常性聚集在學生中心看電視轉播，很多美國的同學彷彿親臨賽場，在螢幕前為他們心目中支持的球隊或球員吶喊加油，血脈賁張、情緒激動而高昂。至於 NCAA 比賽時的盛況，自然就不用說了。

不過，只要勝負已定後，有喜有悲，卻很少出現吵架或打架的場面，因為彼此只是支持的球隊或球星不同，自然還是好同學、好朋友，依然有說有笑。

這是美國文化好的一面。畢竟，人的喜好本來就不一樣，無須去評斷他人如何如何，只要懂得互相尊重，依然可以共處一室，一起享受觀賽的樂趣。這種態度也反映在政治上，多數人都勇於表達自己的立場，大方交換意見，憑著自我政治理念自由參加黨派，或乾脆都不參加。在他們的觀念裡，黨派不同單純只是看法不一樣，沒有誰好誰壞或誰對誰錯，不必嚴重到壁壘分明，依然互相友好。

不少家庭和朋友還會特地在看比賽前相約烤肉聚餐，整個氛圍就像在過大節日一般熱鬧。看球賽不只是看球賽而已，而是具有強大凝聚力的社交活動，讓人更能融入團體，彼此間也能透過共同話題而產生連結。

▲ 2010 年 1 月 4 日，哈佛大學籃球隊到北加州和聖塔克拉拉大學（Santa Clara University，簡稱 SCU）進行籃球比賽，書豪正要封蓋對手。現場可見人山人海之外，更可見不論場地、規格和組織等等硬體設施都毫不馬虎，全國上下運動風氣興盛，難怪產出無數的優秀運動人才，傲視寰宇。

愛上釣魚，健康、休閒、經濟實惠，又舒壓

在普渡大學炎熱的暑假，留學生通常都以釣魚為娛樂，三、五個朋友約一約，就能釣上一整天。釣魚一直是我很喜歡的活動，到後來生了三個兒子，我也會在家庭旅遊時，帶著他們釣魚。

留學生喜歡釣魚，一方面可以舒緩課業上的壓力，一方面是經濟實惠。自己開車，自己準備釣魚用具和買釣魚執照，就可以到目的地釣上半天或一整天，感受美國野外的農村氣息，又和朋友在一起享受釣魚的樂趣。回來後，又可以一起烹煮享用一頓新鮮美味的海鮮大餐，一舉多得。

另一個原因是，美國很注意環保和魚類保護，釣魚執照是被用來做保護和繁殖魚類的費用，所以釣上來的魚，又大又新鮮，不必擔心魚有沒有受到污染。加上我自己天生就非常喜歡釣魚，可能和我小時候在農村住了五年有關係，後來我的三個小孩，也都養成喜歡釣魚的嗜好，而且也成為往後減壓的良方之一。

記得有一年暑假，帶著全家到北加州太浩（Tahoe）渡假，那時老大書雅大約五歲，老二書豪兩歲，老三還沒出生。太

浩是一個高山湖，在北加州東部靠近內華達州（Nevada），湖周邊有冬天的滑雪勝地，夏天可以騎馬爬山也可以玩水，是全年度的渡假勝地，還可到內華達州有大人可以玩的賭場。

空氣新鮮，風景優美，有山有水，湖裡盛產鮭魚，是全家的渡假勝地。若帶小孩參觀鮭魚的生態保護區，可看見河裡面擠得滿滿的鮭魚，到處游動，非常壯觀。心血來潮，開始想著，既然釣魚帶給我一生很多的樂趣，我想著如何才能培養出孩子們釣魚的樂趣。

有一天在太浩南邊開著車子，心裡正想著若帶小孩到湖邊釣魚，小孩絕對坐不住，而且沒有耐心，如何是好。突然間看到路邊有一個廣告，上面寫著，這是一家養鮭魚池，提供釣魚竿和釣魚餌，價錢是以釣上來魚的重量計算。這真是天賜良機，趕緊帶著小孩到這家養魚池，主人提供釣具，還教我們如何用魚餌釣鮭魚。眼看著釣魚池不是很大，池邊還有木製椅子可以坐著釣魚，池塘中間有噴水池，看得見池塘裡有很多鮭魚。這對小孩是最理想釣魚的地方，一定釣得到魚，而且不需等很久。

果然沒多久，兩位小孩都釣到了魚，在我盡量少幫忙他們之下，雖然在拉魚上岸，花了些時間，其中的過程，可以

看見小孩們拉魚上岸的興奮和高興他們釣到魚了。來回幾次，也釣了幾條魚，小孩雀躍不已。主人秤了魚的重量，收了錢，還幫我們烤魚。全家中午就吃了全魚大餐，還有玉蜀黍和飲料，真是一舉數得。

他們成長過程中，在暑假或渡假時，釣魚成為全家一起享受的樂趣。

▲ 這是書雅和書豪小時候帶他們去釣魚的照片（那時書緯還沒有出生）。那天是書雅釣到的魚，我拿起來對著鏡頭展示。書豪還小，所以看著哥哥在釣魚，展示時也是與有榮焉、很興奮。不過，其實準備工作相當繁瑣，兩個小子還會幫倒忙，但是回憶起來卻是滿滿的溫馨。

▲ 不只白天釣魚，夜釣也是我們的愛好之一。圖為 2014 年，我和書緯（左二）、書豪（右二）、朋友 Josh Fan（右一）一行數人一起到加州的史塔克頓（Stockton）釣魚。成果豐碩，釣上的魚都很大尾！

◀
▼
由於美國對環境保護的嚴格要求，所以只要按照規範的時間、地點還有注意事項，進行垂釣，就能好好享受釣到大魚的樂趣了。

【第 2 堂課】
當籃球癮從電視來到現實

1984 年，我完成學業，正式出社會。三十幾歲的我還沒有孩子，但光上班就累到快虛脫。於是，在看 NBA 十來年後，我開始學打籃球。打籃球不僅僅成為鍛鍊身體、提升精神的方法，更成為我生命的一部分。

剛出社會就體力透支的覺悟

我開始學打籃球是在洛杉磯，那是我從普渡大學的博士班畢業後，正式出社會的第一個工作的地方。那時，我擔任半導體公司的工程師，每天下班都覺得異常疲累，累到回家只想癱在沙發上，什麼事都不想做。我心想「明明才三十幾歲而已，正值壯年，為什麼只是上個班，卻有種體力透支的虛脫感。」又想，萬一以後有了小孩，他們到長大成人，最

少需要二十年左右的光景，我光上班就累成這樣，以後有了孩子怎麼得了？

　　想來想去，原因大概出在過去一直以來都處於升學至上的教育制度內，只重功課，忽視運動，以致才剛過而立之年，體力就走下坡了。在我的成長過程中，學校老師再三強調的是，功課第一、升學第一，三天兩頭就用「書中自有黃金屋，書中自有顏如玉」提醒著。歷史典籍的社會階層，也是把讀

▲ 老大書雅剛出生時，母親來美國看孫子，當時剛當父親的我，已經決定要教小孩，不只功課重要，還要有良好的運動習慣，建立強健體魄。

書人排第一位，成為士、農、工、商之首，這是歷代相傳的儒家思想造成的社會價值觀。古時的科舉制度，確實是「十年寒窗無人問，一舉成名天下知」。

然而，「教育等於成績」的想法依然存在，無論如何，「能不能上大學？」「能上哪一所大學？」似乎是社會評價優不優秀的主要標準。為了「一舉成名天下知」，很多人從小到大，不只學校課程排得滿滿的，下課後、放假日要補習，回到家要寫功課跟複習預習，加上通勤時間，能用的時間所剩無幾，更不用說要把時間花在運動上了。刻意挪出時間來運動，搞不好還會被說不應該。

運動，是件奢侈的事。多數師長都認為這種「荒廢功課」的事，不如不要，很多時候，體育課還被「借」去考試或補課呢！長期下來，自然都成了文弱書生。這是我大學以前的文化背景，恐怕是讓我這麼晚才知道運動很重要的主要因素。縱使時代在變，這種觀念漸漸在改善，但我仍然愈想愈擔心，腦海就有個念頭——這種狀況（只重功課，忽視運動）絕對不能發生在我的孩子身上。

雖然當時我還沒有小孩，我期許自己在當父親後，一定教小孩，功課固然重要，但一定要有良好的運動習慣，才會

有強健的體魄。

從「看」籃球到「打」籃球

在這之前從來沒運動習慣的我思考著，什麼樣的運動才能持續下去呢？跑步、打網球、游泳等，我都考慮過，最後我想到「籃球」！既然我那麼熱衷於 NBA 賽事，為什麼不乾脆去打籃球，懷抱熱情的事，才能持續投入。打籃球需要五個人組隊，才能去打「五對五」的全場對抗賽，但在此之前，我只有看過籃球賽，沒有打過籃球，哪有球隊會願意讓一個完全不會打籃球的人加入，更別說要親身參賽了。

於是，我開始自己學打籃球。看了好幾年 NBA，對基本規則或動作還是有概念的，我把那些腦袋裡的概念付之實施，從最簡單基本的運球、跑步運球上籃和遠近距離投籃練起。每天下班、吃完晚餐，就帶著籃球到附近公園的室外籃球場練習。持之以恆，除非下雨天，不然我一定會去。打著打著，愈打愈有興趣，打籃球變成我鍛鍊體力、提升精神和每天生活的一部分。

公園裡有幾個籃球架，我通常會找沒有人的籃球架，自己練習一些籃球的基本動作。公園裡即使有其他人打籃球，

通常也是玩一玩而已。偶爾會碰到水準較好的鬥牛比賽，也會停留看一看，但水準上，自然是遠遠無法和 NBA 相比的。

當初，自己練習籃球基本動作，一方面是自己才開始練習打籃球，在基本動作還沒練熟前，是無法參加五對五的團隊籃球比賽。而且我是每天練習打籃球，時間上、程度上、嗜好上，朋友不見得能配合得上，加上少有朋友或同事住在我家附近（在洛杉磯時，我是住在山上的蘭喬帕洛斯弗迪斯〔Rancho Palos Verde〕，而朋友們大都住在山下的托倫斯〔Torrance〕），而且很難發現朋友或同事對籃球有非常熱衷的。

過了幾年之後，為了參加業餘的籃球比賽，每個星期有特定的一天（通常是星期六或星期天）特定的時間，我也必須開車下山到托倫斯的市民運動中心，參加比賽。

每天到公園練習打籃球，總會有碰到人滿為患，找不到空的籃框，或是下雨天，也無法去公園打籃球的情形。加上大兒子書雅即將出生，我就想到在我家後院裝上籃球架，只要下班後或週末，隨時可以在後院打籃球，既省時又省力，何樂不為呢？於是買了籃球架、水泥和沙，在後院挖了個洞，立上籃球架，再填上自己事先混好的水泥漿。幾天之後，等

水泥漿乾了，調好了籃球框高度，後院就變成我運動的場地，省了不少往返公園的時間。什麼時候想運動，都可以運動！

　　四年後，因為換工作的關係，我與太太帶著三歲的書雅，剛出生的二兒子書豪，舉家搬到佛羅里達州（Florida）。再兩年後，我們又搬到北加州的柏拉阿圖（Palo Alto），三兒子書緯是到了這裡才出生的。柏拉阿圖是三個兒子成長的地方，也是我們定居至今的地方。不論搬到哪裡，這個籃球架

◀ 在體育館和三兄弟一起
　練球時，自己運球的情
　形。每每想到自己的一
　項愛好竟然就改變了一
　家人的命運，就感覺主
　的安排實在神奇！

都一直跟著我們。

　　練了幾年，自認投籃功力進步不少，不論近距離還是遠距離投籃，帶球上籃和運球等各方面都算熟悉，打起籃球愈來愈有自信。好玩起見，就試著去參加業餘的籃球比賽，打了幾場下來，才知道上場比賽和平常練習很不一樣。

　　一個人練，是自己練自己的，硬要說其實有點像紙上談兵，由於自己和籃框之間，沒有人防守，都是空檔，只要運球運得夠順，投籃投得夠準，要進球很容易。但到了比賽場上，自己和籃框之間，至少有一個人防守著，別說得分了，有時連想傳個球都一籌莫展。如何閃過防守者帶球上籃，如何創造空間跳起投籃，如何傳球給有空檔的隊友，都得透過與人對打來練習。對我而言，參加比賽，讓我理解到與人對打的練習，才是進步的關鍵。同樣的，參加比賽，是增加與人對打很好的機會。

　　參加業餘比賽，是在偶然聊天的機會中，公司的大陸同事介紹的。他們已經進行了一段時間了，我只是加入，剛開始我只認識我的同事，後來大家也漸漸熟悉了。這是在我自己練習了五年左右，才參加的業餘運動比賽。

林爸爸籃球小教室

籃球場上五個位置簡介

本文介紹籃球各位置和在 NBA 各位置的平均身高。但要說明的是，依照身高區分位置只是原則，不是死硬規定。就如身高 6 尺 9 吋（約 206 公分）的魔術強森打的是控球後衛，6 尺 6 吋（約 198 公分）的追夢格林還經常打中鋒一樣，這是看各隊打法而定。

籃球比賽是五對五的團隊比賽，有五個不同的位置和角色，傳統上大致可以用 1～5 號位置來說明。

1 號位置

是球隊的**控球後衛**（Point Guard，簡稱「PG」），掌握球權和控球，進攻時，執行教練的戰術，傳球給最有機會得分的隊友去得分，叫助攻，平均身高在 6 呎 3 吋（約 190.5 公分）左右。

2 號位置

是**得分後衛**（Shooting Guard，簡稱「SG」），不帶球，進攻時，跑到戰術指定的位置，一接到球馬上投籃，通常是外線球，平均身高在 6 呎 5 吋（約 196 公分）左右。

3 號位置

是**小前鋒**（Small Forward，簡稱「SF」），進攻時，在戰術指定位置，可以外線投籃或切入禁區得分，平均身高在 6 呎 7 吋（約 201 公分）左右。

4 號位置

是**大前鋒或強力前鋒**（Power Forward，簡稱「PF」），進攻時，可以快速切入禁區得分，防守時，幫助中鋒搶籃板球和打火鍋或蓋帽，平均身高在 6 呎 9 吋（約 206 公分）左右。

5 號位置

是**中鋒**（Center，簡稱「C」），進攻時，可以在禁區低位單打，防守時，負責搶籃板球和打火鍋或蓋帽，平均身高在 6 呎 11 吋（約 211 公分）左右。

然而，現在的 NBA，這五個位置的角色愈來愈模糊，譬如說大前鋒也可以有很多助攻，中鋒執行擋拆（pick and roll）後，也可以移到外線長射得分……等等。簡而言之，由於大量的三分球投射，使得「小球戰術」大為盛行，即使 4、5 號位的大個子也都要開始跑快攻、快速回防，這讓 NBA 進入了一個完全不同的世代。

NBA 超級球星就是我籃球的啟蒙教練

我二、三十歲的時候，網路資訊不若如今發達，這年頭任何有轉播的賽事很容易在 YouTube 搜尋到，想看幾次就看幾次。以前每看一次 NBA 電視轉播，對我來說，可能就是唯一的那一次，所以我習慣把精彩的賽事轉播錄下來，特別是有我喜愛的球員上場的比賽。

NBA 籃球盛世球星雲集

1970 年末到 1980 年初，是我常看 NBA 的幾位超級球星群領風騷的年代。J 博士（Dr. J，Julius Erving）有著與生俱來的彈跳力，一般人不見得學得來，以致有他的比賽就非常有娛樂性，而且振奮人心。至於，身高 6 尺 9 吋（約 206 公分）的魔術強森（Magic Johnson），以他的身材擔任控球後衛是很少見的，能在 NBA 五個位置都打的，他是少數幾個人中的一個。

從中鋒角度來看，不算高的摩西馬龍（Moses Malone），以 6 英尺 10 英寸（約 208 公分）的高度，在他的年代以強力中鋒稱霸籃壇，真是不容易。當然，不能不提到被譽為史上籃球智商最高的大鳥博德（Larry Bird）了，也

是當時炙手可熱的明星球員。和上面幾位球員相比，大家最熟知的麥可喬丹（Michael Jordan）算是那個時代到現在的超級巨星，當然無疑也是 NBA 截至目前以來的天下第一人。

話說回來，我把過去錄下來的 NBA 賽事，重新看過一遍（甚至一看再看），只是看的目的不一樣了，以前是為了回味球賽的精采與球星的神乎其技，這次是為了尋找答案。尋找在緊密的防守壓力下，要用什麼方法來得分的答案。特別是在球賽的最後幾分鐘，甚至是最後幾秒鐘、比數又非常接近時，那些明星球員在如此關鍵時刻，與敵隊正集中全力人貼人防守下，要如何進籃得分，反敗為勝。

因為崇拜賈霸 因而苦練勾射

最引起我注意的是卡里姆‧阿布都賈霸（Kareem Abdul-Jabbar，天勾賈霸）和阿德萊恩‧丹特利（Adrian Dantley）這兩位球星，總是能把握時機，扭轉賽局。他們都是以身體側面擋住防守方，以身體側面厚度當做進攻盾牌，幾步運球後或定點躍起，以離防守者較遠的一隻手勾射得分。

我會開始看 NBA，除了張伯倫，另外很大一個原因就是被「天勾賈霸」所吸引，他是我當年的偶像之一。他之所以

綽號比本名更為人知，就是因為他特別擅長 Skyhook（大勾射、天勾）的技巧，他擅長在面對籃框的右側、以背對籃框的方式，側身躍起勾射。好幾場賽事，都是在雙方比數非常接近的時刻，以勾射一球定江山。

至於丹特利則是無人能擋的小前鋒，在他十五年的職籃生涯裡，得過兩次 NBA 得分王。他善於利用身體擋住防守者，並以離防守者較遠的另一隻手，以小勾射投籃得分。特別是在面對籃框的左邊，背對防守者，以身體側面擋住對方，右手運球到罰球線和三分線之間，躍起勾射。

綜觀 NBA 場上，能把勾射練到得心應手的，寥寥無幾，大概就賈霸、丹特利，和後起之秀姚明了，他們常是場上扭轉局勢的關鍵。我之所以獨鍾天勾技巧，在於它利用身體側面厚度和手臂形成進攻屏障的同時，身體躍起在制高點勾射出手，很難被蓋到火鍋。

為了學好勾射，增加在業餘比賽時出手的成功率，我就用慢動作速度播放我錄下的影片，並特別把注意力放在賈霸和丹特利的動作上，然後模仿他們的手腳動作。若做得不好不順，就會回頭再看錄影帶。日以繼夜，週而復始，就像研究一門學問一樣，甚至連晚上睡覺做夢也在勾射。

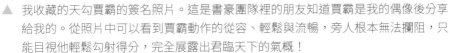

▲ 我收藏的天勾賈霸的簽名照片。這是書豪團隊裡的朋友知道賈霸是我的偶像後分享給我的。從照片中可以看到賈霸動作的從容、輕鬆與流暢，旁人根本無法攔阻，只能目視他輕鬆勾射得分，完全展露出君臨天下的氣概！

前面提到我自己練習了五年左右，才開始參加業餘比賽。在這五年當中的頭兩年，是我自己單獨練習打籃球，然後嘗試去參加比賽，才發現沒有人對打的練習沒有太大的效果，才回去重新看錄影帶，所得的結論是「需要練習勾射」。後面的三年，除了練習基本動作外，勾射是練習的重點。之後參加比賽，才比較得心應手。

勾射很受歡迎

　　記得有一次在二兒子書豪高中學校體育館，當時還是教會球友和小孩們混在一起，組隊對打的時候，所以有些陪小孩過來的家長，也坐在旁邊看。記得那一次進攻時，我在籃框右邊，背對籃框，後面有書豪防守著，同隊進攻帶球者把球傳給我，當我拿到球，大兒子書雅馬上從我的正面跑來，要幫書豪協防我。我一看馬上要被雙包夾，丟球的機會很大，於是我馬上左轉身躍起，來一記天鉤，當球進籃框時，旁觀的家長都拍手，還有人說：「兩個兒子都防不了老爸！」這時我才了解到，天鉤很少人會，因為少見，所以非常受歡迎。

　　還有一次，書豪進入 NBA 之後，每年暑假有例行的亞洲行程。那一次隨書豪到北京，書豪每天都有排訓練的時間，

▲ 天鉤加上籃板進球，已經變成我的招牌動作。

我都會跟他的團隊一起去，他在一邊訓練，我在另一邊做我的籃球運動。有時團隊的人，會過來挑戰做二對二或三對三的對抗。有一次，我在籃框左邊，背對籃框，身後有人防守，我一接到球後，馬上左轉跑兩步到了罰球線，躍起來一記天鉤，球碰到籃板反彈進入籃框，旁邊觀看的人都一起拍手。我還看到，書豪和他的幾位訓練師，在球場另一邊，轉頭看看我，從他們臉上的表情來看，大概在猜為什麼會有人拍手！？我猜是，天鉤已是很少見，天鉤加上籃板進球，大概是少之又少，才引起旁觀者的熱烈掌聲。

林爸爸籃球小教室

勾射，大勾射與小勾射

勾射（Hook shot）是投籃技巧之一，可以分為**大勾射**（Skyhook，又稱「天勾」）與**小勾射**（Babyhook）兩種。

通常是以自己肩膀和手臂來隔離防守球員，再用另一隻手將球舉起後利用手腕力量投出。與面對著防守者躍起投籃相比，運用勾射技巧，防守者想要攔擋到球（阻攻、打火鍋）非常不容易，得分機會自然增加。

大勾射和小勾射的差別在於，前者是當起跳到最高點時，力量從手臂、手腕及手指依序柔和出力，將球投向籃框，這手法可說是賈霸專屬；後者則是只用手腕和手指出力，因為力量較小，自然常在禁區內出手，丹特利、姚明和保羅・賈索（Paul Gasol），都是其中佼佼者。甚至馬刺隊的中鋒、大前鋒提姆・鄧肯（Tim Duncan）也都會偶爾使出，令人防不勝防。

【第 3 堂課】 籃球場上看到的人生大小事

完全沒想到美國的運動風氣如此盛大，全國瘋運動，甚至成為經濟成長的重要支柱之一。這也改變了我的人生觀和生命，從籃球上獲得了完全不同的生命歷程，還影響了三個兒子的命運！

引爆激情的 NCAA 三月瘋

說來不可思議，我當初就是為了學位和看 NBA 才來到美國留學，卻在三十三年後才首次到現場觀看我兒子的 NBA 比賽！籃球場上的激情感染了大家的心情。觀看體育賽事成了下班後的娛樂，茶餘飯後的話題。運動明星是多數人崇拜的對象。賽事儼然一個社會的縮影，我在裡頭看見文化差異與經濟奇蹟。

到了美國，才曉得不光是 NBA 這種職業級賽事受注目，

生活周遭的人對較小型或校際型的體育活動也都是積極參與的，甚至要說「狂熱」也不為過！尤其是美式足球校際比賽賽季，每到週末更是萬人空巷，偌大的室外足球場人山人海，座無虛席。全校師生攜家帶眷，一起看比賽，一起為學校的球隊加油。看球賽不只是看球賽而已，而是具有強大凝聚力的社交活動，讓人更能融入團體，彼此間也能透過共同話題而產生連結。

　　順帶一提的是，美式足球大學校際比賽賽季大概從每年 8

▲◤ 哈佛大學雖然在 NCAA 成績平平，但是在運動風氣盛行的美國，相關比賽依然是師生之間注目的焦點，會獲得非常多的關注。書豪的比賽我們全家人只要有空，一定會全部出動，為他和哈佛大學賣力加油。

Jeremy Lin
Freshman • Guard

Harvard vs. Sacred Heart
Wednesday, December 20, 2006
Lavietes Pavilion

Cambridge
Trust
Company

月下旬到 12 月中旬結束。然後進入季後賽，到隔年的 1 月中產生冠軍才結束。

在美國，觀賞運動比賽是一種全國性的娛樂，更是茶餘飯後人人談論的對象與話題，與生活息息相關。這是最基本激動人心的方式，也是舒解壓力的途徑。球迷不只是在家裡看轉播，還可能購票到現場觀賽，或乾脆聚在同一個空間裡，可能是運動 bar，可能是某人家裡，總之一群人圍著電視機看轉播，那種氛圍就是不一樣。

想起還在普渡大學念書時，學生活動中心是學生聚集的場所，不論是課與課之間的幾個小時空檔，或念書念累了想要休息放鬆，都會往學生活動中心跑。若是碰上美國大學男籃的「NCAA 三月瘋」（March Madness），更可以看到很多學生齊聚在中心的電視機前，為自己支持的球隊加油。這是屬於校際間的競技比賽，比賽處於拉鋸戰時，人人情緒激動，熱血沸騰。勝負之間，往往垂頭嘆氣或興奮激昂。

NCAA 的性質有點類似臺灣的 UBA（大專校院籃球運動聯賽），只是規模大得多，算得上是全美國具有強大影響力的年度體育賽事之一，其盛況堪比美國職籃。自然是跟媒體、電視、商業結合在一起，創造的收益成為美國大學財政

收入的一部分。實力愈強的球隊，獲得電視轉播的時間就愈長，分得的利益跟著增加，這是支撐學校球隊繼續發展的主要資金，為了贏得好的成績，聘請知名的紅牌教練來執掌籃球隊變得很值得，教練薪資多過校長司空見慣。

即使從學校畢業，出了社會，觀看運動賽事還是大部分人下班後的活動。喜愛籃球的，會看 NBA，會為他們所支持的城市的球隊或球員吶喊，或看自己母校在大學男籃的比賽。喜愛美式足球的，會觀看職業或美國大學美式足球賽。當然不只有籃球和美式足球而已，其他運動比賽也很受歡迎，棒球、冰上曲棍球也是如此，因此還成為美國四大職業運動。

數大便是美。數大不僅適用於美學，也適用於觀賞運動比賽的龐大人口，與後續產生讓人津津樂道的巨大商業利潤。好比互聯網當道的時代，每天上臉書上某些特定社群軟體的人口上看幾十億，上亞馬遜（Amazon）或淘寶網（Taobao）購物的，尤其是在特定的購物節（雙十一、雙十二等），所產生的購物值多達幾十或幾百億，其實，上 Google 尋找資訊，也是如此。

NCAA 三月瘋

每年到了春天，大家就會開始期待著 **NCAA**（National Collegiate Athletic Association，全美大學體育協會第一級男籃錦標賽）開打。由於 NCAA 大部分的賽事都落在三月舉辦，所以又被稱為「NCAA 三月瘋」（March Madness），這是當年度出爐的美國大學男籃 64 強，爭奪全美冠軍的過程，比賽會一路打到大概四月初才結束。

美國四大職業運動

美國最盛行的四大職業運動除了**籃球的 NBA**（National Basketball Association，美國職業籃球聯賽）之外，還有**棒球的 MLB**（Major League Baseball，美國職業棒球大聯盟）、**美式足球的 NFL**（National Football League，美國國家橄欖球聯盟），以及**冰上曲棍球的 NHL**（National Hockey League，國家冰球聯盟）組成。

運動比賽創造龐大的商業利益

在求學階段，經歷了幾次球賽季，我觀察到一個有趣的現象，就是研究生辦公室裡的高度反差。每到賽季，國際留學生多半都待在辦公室裡埋頭苦讀，跟課業成績搏鬥，美籍研究生早已在球場邊，為所支持的隊伍助陣助威了。我漸漸地感受到，觀看運動比賽儼然成為美國生活的一部分。不過，當時並沒有想到，影響層面竟然這麼廣，舉凡教育、娛樂、商業和經濟等皆涵括其中。

▲ NBA 就是一門巨大的生意，一切在商言商。球員有實力、有人氣就是老大，粉絲自然也樂於捧場。圖為 2019 年書豪跟隨多倫多暴龍隊一起奪冠後和歐布萊恩冠軍金盃一起合影。

　　我自己非常注意 NBA 季後賽比賽的情況，若有我喜歡的球隊或球星正在比賽，我會特別注意比賽的時間，然後按時離開辦公室，到學生活動中心或回到住處觀看比賽。平常，我也是埋頭苦讀型的，我自己對於美式足球，倒是不那麼熱衷，但對於 NFL 的 Super Ball（超級盃）由於實在太熱鬧了，所以比賽當天還是會看的。

　　文化差異形成了根深柢固的刻板印象。美國社會多半認為華裔美國人就是「只注重學業，不注重運動」，好比書豪

是從小學一直到哈佛大學都在打籃球，不是為了擊潰刻板印象帶來的質疑，而是他太喜歡打籃球。儘管如此，他仍然需要不斷地證明他自己可以打籃球。

我是一直到書豪進入 NBA 打球，才第三次到現場觀看比賽，前兩次是在他上高中時，帶他去體會 NBA 的賽事。進入籃球場，才發現場內可容納的觀眾人數將近兩萬人。票價規則就像演唱會那樣，各有差別。離球員近的，視野好的，這種座位就貴；位於高樓層的，視野有死角的（在角落或籃框後方），這種座位相對便宜。票價從幾十到幾百美元都有。若是遇上熱門的季後賽、冠軍賽，某些位置可能上看幾千美元（超過臺幣三萬），即使如此還是一票難求。

加上進入球場觀眾的其他消費，如餐點、飲料、零食、啤酒等，與在球場內商品店販賣印上球隊或知名球員名字或背號的球衣、球鞋、帽子或簽名照……等等，周邊商品和配飾琳瑯滿目，光球賽現場的商業利益就相當可觀。更不用說同時帶動的周邊經濟了，舉凡交通運輸、旅館業與零售業，還有近期逐漸興起的運動餐廳，都因為賽事的舉辦而獲利。

無形的商業產值也不容忽視。從過去全球電視轉播權，到現在網際網路的串流，隨著科技的發展，進入互聯網時

代，網路使用率提升，不只人手一機，還有 iPad、平板、筆記型電腦和桌上型電腦等，幾乎沒有地域與媒介的限制，全球龐大的人口數隨時隨地都能看到球賽直播。每年 NBA 的季後賽和冠亞軍賽，都是以七戰四勝決勝負，電視轉播權利金與商業廣告收入帶來的是巨大的商業利益。

不僅 NBA 有這種能耐，其他熱門的職業運動賽事，如美式足球、棒球、冰球、網球、高爾夫球等，也是如此。根據媒體報導，美國超級盃（Super Bowl），也就是國家美式足球聯盟（NFL）的年度冠軍賽，在中場休息的時段下廣告，是以每秒鐘幾百萬美元來計算的。這顯示，民眾對運動比賽的熱衷，大概是在美國資本主義的文化背景下，所產生的一個龐然產物。

對運動明星的崇拜與嚮往

不少明星級球員替產品代言或接受品牌贊助後，知名度大開，即使是沒有在關注賽事的人，多少也會認得。有時候，球員的薪資只是錦上添花，業外收入往往超越好幾倍，是一般人幾輩子想賺都賺不到的金額。社群媒體盛行後，更能關注到某些球員的奢華生活模式，以致成為眾人羨慕與嚮往的對象。於是，運動明星成了很多人的「偶像」，甚至有不少美國孩子從小就立志成為職業運動員。

以我們家來說，我和三個小孩都非常喜歡觀看麥可喬丹（Michael Jordan，MJ）的比賽。1990 年代正是芝加哥公牛隊的王朝時期，從 1991 年到 1998 年總共拿了六次 NBA 總冠軍，而這期間正是我的三個小孩成長的時期。每次到了 NBA 的季後賽，我們全家都會圍著電視，有人準備飲料，有人準備爆米花或其他零嘴，坐在沙發上，一起觀看公牛 MJ 的比賽，彷彿是全家人的一個重要的活動，看到精彩的動作，全家會一起歡呼。我還會和小孩們，提到我以前觀看 J 博士、天勾賈霸、大鳥博德、摩斯馬龍、魔術強森……的一些精彩的動作，雖然小孩們對這些 80 年代的籃球明星沒有什麼印象，我卻依然講得口沫橫飛！

　　印象最深刻的是，記得有一次全家觀看 MJ 的季後賽，上半場打得非常精彩，中場休息時間，小孩跑到後院模擬 MJ 的動作在做投籃。下半場開始後，小孩們留在後院，就透過落地窗看比賽，看到精彩的動作，他們在後院就模仿 MJ 的動作投籃，來來回回直到比賽結束，熱鬧非凡。

　　記憶裡，小孩在高中時期，由於常常全家一起看電視轉播的 NBA 季後賽，記得有兩次勇士隊在減價促銷（那時候的勇士隊很久沒進季後賽，不像現在是超級強隊之一，所以票價相對便宜許多），我也就帶他們去現場看了比賽，只記得

是和湖人隊對抗，我也在現場看到了賈霸的天鉤，讓我激動不已，也算是一圓自己「追星」的夢想了。

養成運動習慣 孩子終生受益

這些熱鬧的運動賽事在美國所受到的極大關注，進而形成的重視運動的社會觀念，就是整體大環境的形成和與大人的教養態度有很大的關係。

要是成長過程當中，父母願意關注課業以外的事，或許是體育活動的參與，或許是其他動態的課外娛樂等，都是幫助孩子養成嗜好與興趣的機會。當然，不是說有去運動就能成為運動明星，就像我帶著書雅他們三兄弟打球，從來都沒有期待他們成為職業球員，更遑論運動明星了，我的動心起念非常單純，只是希望他們培養體力，養成運動習慣。

對我而言，養成運動習慣更重要的一層意義，是對維持身體健康，不論是生理的，還是心理的，都是終生受益。近年來確實有愈來愈多研究與報導證實，運動不光能提升體能，還有助於降低焦慮、憂鬱或憤怒等負面情緒出現的機率。更由於需要團隊合作，在於耐性、挫折力、人際互動能力與團隊精神的養成上，也具有相當好的效果，很多好處都

是在潛移默化下，一一鍵入到孩子的個性裡的。

　　當然，我那時並沒有注意到類似的報導，會堅持帶著孩子運動，幫助他們養成運動習慣，全是因為我自己親身經歷過，我真正從運動（打籃球）中得到好處，不只體力變好，甚至在人生低潮時，出去打打籃球，連帶精神、心情都會變好。一旦孩子的生活添加運動的元素，他們的身心發展就會更全面，就不會出現過度侷限於學業與成績，而荒廢了其他的天賦。

▲ 帶著三兄弟一起打籃球，一開始只是單純希望他們培養體力，養成運動習慣，有個紓壓管道，身心發展更全面，但是，後來對他們的好影響則是遠遠超出了當初的設想了！

▲ 2019 年，書豪跟隨多倫多暴龍隊一起在金州勇士隊主場拿下 NBA 總冠軍後，我們全家一起合影。在這個我們進出多次且非常熟悉的場館中奪冠，對書豪和我們一家人都顯得意義非凡。

我支持孩子以職籃為目標，但不代表我覺得功課不重要。

功課是很重要的一部分，但就只是一部分而已，孩子成長的路上，需要重視的有很多「部分」，所以我鼓勵孩子多參與課外活動，找到興趣，找到目標。但前提要盡學生本分，不能荒廢課業。

球員的名字和學校的名字連在一起

2012 年 2 月，書豪在舊東家紐約尼克隊（NYK，New York Knicks）的連贏 7 場比賽中被大家看見，短時間內成了最讓人好奇的 NBA 球員，街頭巷尾、餐館酒吧、網路電視媒體、報章雜誌，人人都在討論，24 小時都在報導，甚至開始出現以「Lin（林）」與「Insanity（狂熱）」兩個單字組合而成的新詞彙「Linsanity」，也就中文所說的「林來瘋」現象。

值得注意的是，多數報導會把哈佛大學（Harvard University）和林書豪連在一起。聽到很多人跟我說，有很多哈佛大學的學生、教授、職員，或已經畢業的校友，都因為哈佛出了一個林書豪而感到與有榮焉，他們很開心和林書豪來自同一所大學。當時的美國總統歐巴馬（Barack Obama）畢業於哈佛大學法學院，本來就是個超級運動迷的他，在接受電視訪問時更大方的表示自己就是林書豪標準的球迷。

　　林書豪之所以更讓人跌破眼鏡，其中一個原因可能是過去從 NCAA 常春藤聯盟（Ivy League）出來的學生，很少能在 NBA 場上如此發光發熱，更不用說從哈佛大學出來的學生了。也因此，林來瘋的出現，自然更讓人的反應肯定會先是「無法置信」，然後才會出現「刮目相看」的神情。

　　話說在國外，運動員的名字和學校連在一起，似乎是很常見的事。目前國際間最矚目的綜合賽事、每四年舉辦一次的奧林匹克運動會（Olympic Games），在很多的比賽項目中，體育主播或記者報導時，會習慣提到選手就讀或畢業於哪一所學校，不論是游泳、體操、田徑等。這是因為參加國際性的運動賽事，美國的代表大多是從各個大學派出來的。經過媒體渲染與訊息傳遞，久而久之，人們就會知道哪一所

JEREMY LIN
PALO ALTO HIGH SCHOOL

INDUCTED MARCH 29, 2018

At Palo Alto High, Jeremy Lin led his underdog Vikings basketball team to the 2006 California Interscholastic Federation Division II state championship over a heavily-favored Mater Dei squad in a dramatic upset for the ages. At Harvard University, Lin scored 1,483 points and dished out 406 assists over the course of his four-year career as the Crimson's starting point guard. Lin helped pave the way for his Harvard team to become nationally-ranked for the first time in its history. After going undrafted in the 2010 NBA Draft, Lin tirelessly worked his way into the NBA and set the world on fire in 2012 with his play, launching "Linsanity." He is currently in his eighth season in the league.

Jeremy's faith in God has guided his entire career. "Have I not commanded you? Be strong and courageous. Do not be afraid; do not be discouraged, for the Lord your God will be with you wherever you go." Joshua 1:9

SAN MATEO COUNTY
SILICON VALLEY
CONVENTION AND VISITORS BUREAU

◀ 不只和學校連在一起，只要表現優異，當地政府也是與有榮焉。2018 年 3 月 29 日，林書豪正式成為北加州聖馬刁郡（San Mateo County，位於矽谷旁邊）名人堂的一員。這是該郡頒發的證書。

林爸爸籃球小教室

NCAA 常春藤聯盟（Ivy League）

這個聯盟是由哈佛大學、耶魯大學、哥倫比亞大學、普林斯頓大學、康乃爾大學、達特茅斯學院、賓夕法尼亞大學、布朗大學等美國東北部地區八所歷史悠久的大學組成的。

當時哈佛大學籃球隊在長春藤聯盟裡也算是弱隊，而長春聯盟又是美國大學男籃最高級別（NCAA D1）裡最弱的聯盟，所以哈佛大學的籃球隊自始至終就不會受到重視是很正常的。

大學特別擅長於哪一種運動項目了。

大學，最主要的功能就是提供學生學業上的高等教育，讓學生在畢業之後，有獨立謀生的能力，或進一步對社會和國家有所貢獻，這是任何大學辦學的終極目標。

在我那個年代的臺灣，是透過全國性的大學聯考，獲得入學的資格，即使隨著時代變遷，升學制度有所改變，體育專長似乎還是跟學業距離十萬八千里，臺灣的大學運動員，多數還是來自體育相關科系，這和美國有很大的不同。兩者差異所造成的不同發展，後文會再繼續討論。

美國教育的特殊性：四肢和頭腦都要發達

話說回來，到了美國生活之後，我才知道這裡並沒有全國性的大學專科聯合考試制度，大部分學校都是採取申請入學制度。由於每個學校著重的項目都不太一樣，自然而然就會招攬到具有某些特質的學生，這些學生不見得需要功課很好或很會考試，但他們或許會因為專精於某些事物，而被稱為「人才」，甚至可以站上世界舞臺，參加評選與競賽，為學校或國家爭光，這幾乎無關乎學歷好壞或成績表現。

但也不是說成績完全不重要，功課確實是很重要的一部分，但就只是一部分而已，並非唯一的審核標準。美國大學審核同時注重課外活動的參與與表現，這有助於物色各方面有特殊才能的學生，如在社團活動中擔任領袖者（Leader）角色的，或在團體競賽中寫出創新且有創意的計畫等，舉凡音樂、美術、科技和運動，都可以寫入大學申請書。

總之，這些大學想要了解學生包括課業在內的種種學習經歷，和碰到困難如何解決之類的問題，單憑一張成績單是不夠的，透過更多成績單以外的表現，才能更全盤的了解。

就像書豪，他在柏拉阿圖高中（Palo Alto High School）快畢業時，因為清楚知道自己高中畢業後，在大學要繼續打籃球這條路，申請大學時就做了很多課業以外的功課。譬如我和書豪一起整理了他過去代表學校參與過的比賽與成績，包括把比賽的影片製作成 DVD，書豪的高中教練 Peter Diepenbrock 再幫他寄送給所有常春藤盟校、加州大學柏克萊與洛杉磯分校、史丹佛大學等籃球名校，用以爭取入學機會，延續志趣與專長。

這樣的模式讓一般高中生除了重視功課與成績外，也熱衷於課外活動的參與，家長自然樂見其成，從旁鼓勵與支持，

▲ 這是書豪申請大學時當做申請資料附上的高中打球的 DVD 的封面和封底。裡面包括了代表學校參與過的比賽成績與內容片段。

各方面的發展也比較均衡。書豪後來就讀的哈佛大學隸屬的長春藤盟校，比起其他學校的籃球校隊相對較弱的原因之一，是他們在入學審核的標準上，對於課業成績，設立了比較高的門檻。

　　長春藤聯盟自古以來以學術聞名，他們期待物色到的學生既能打球，也會念書。即使申請入學過關，加入了籃球校隊，在課業上也沒有特權，就算球場上表現再好，為學校爭取再大的榮耀，成績未達標準，也是行不通的。

找興趣、立目標，就能「行行出狀元」

有一句諺語說「行行出狀元」。升學制度是為了栽培下一代更優秀的人才而存在。每所大學招攬學生的特長各有不同，所以在教學上能更有效率，因為學生多半有較為確定的興趣與專業，未來出了社會學以致用，有傑出的表現，學校跟著沾光，提升該領域的知名度。以我比較熟悉的科技業為例，矽谷附近的大學柏克萊加州大學和史丹佛大學，就培養出很多和科技有關的人才。

再以籃球為例，不僅是提升校隊的實力與戰鬥力，也更有機會在 NCAA 被選入 64 強，透過電視轉播強化學校的形象與知名度，等於是免費的廣告方式，會吸引更多符合特質的學生想來這所學校。

對學校或球隊教練而言，為了建立與長期經營一支有實力的隊伍，會到全國高中去物色有天份的高中畢業生，甚至提供獎學金，增加誘因，讓有天賦的學生在校隊裡為學校打球比賽，同時可在大學裡，免費選修他們自己喜歡的課程，也有機會在專業領域一展所長。

對學生而言，有機會去到自己喜歡的大學，念他們喜歡的學科，同時可以保有原本的興趣是很難得的機會。同時，

能待在知名的大學籃球校隊裡打球，曝光機會多。球隊陣容堅強，透過賽事轉播，只要能夠上場，就可能會被 NBA 球探注意到，也有機會進入 NBA。

但要進入 NBA 並不容易，即使在校隊、在場上是個佼佼者，都不見得會獲得 NBA 的青睞，即使真的進去了，也不見得就一帆風順。因為能成為職業運動員畢竟是少之又少。然而，就算最後沒有被選中，至少在大學裡修過自己有興趣的課程，學到一技之長，出了社會，不打職籃，還是可以學以致用。所以大部分的學生即使額外參加學校的社團或校隊活動，還是以課業為重。

▲ 三兄弟和母親的約定，就是遵守「課業第一」的原則，才能從好的學校畢業。這個堅持也讓他們三兄弟即使不打籃球後都還能在社會上好好立足。

美國的教育體系，從小學到大學，沒有體育班或體育系，一切課外活動或運動賽事，都是有興趣者，自己出資、自己負責、自己參與。傑出者，到了大學有獎學金資助，即使是校隊的一員，也是選擇自己喜歡的科系如法律、經濟、商業、工程⋯⋯等就讀，就是沒有體育系。拿了學位，即使不進入職業運動，也可以本身的專長就業，獨立謀生貢獻社會。若進一步到了職業或國際水準，除了職業的薪資外，可能還會有廠商或品牌方面的贊助，收入是一般人望塵莫及的。

書豪在哈佛大學選擇主修經濟、副修社會，念經濟學主要是他想了解如何增加財富和管理錢財，來幫助弱勢族群和小孩；念社會學是想了解弱勢族群和小孩的心理，才能幫助他們。

在書豪念大學期間，我們的確討論過畢業後若沒有進入NBA，會給他兩年的時間，試試看到歐洲或大陸打球，之後再做其他決定。

而書緯在高中升大學時，他表示，希望在大學能有機會成為大學籃球校隊的一員，繼續打籃球。到了大四那年，他更表明畢業後若有機會，他會選擇再打籃球幾年。

有人問過我「孩子的課業成績很重要嗎？」我的答案是

「非常重要」。在教養這條路上走了近三十年，我跟太太向來都很重視三個孩子的功課。雖然不是把成績當成判斷孩子好或壞的唯一標準，反而鼓勵他們找到並從事有興趣的事，但只要功課沒有完成、荒廢課業，我太太也是會鐵腕終止課外活動，直到他們盡學生該有的本分，恢復該有的水準，才通關放行。

這樣的模式似乎在無形中形成良好的自我約束，中學之後，不需要特別交代或叮嚀，三個孩子總能自動自發完成自己該做的事。

林爸爸教養小教室

三兄弟的學歷

老大書雅高中畢業後，最後決定進入申請到的加州大學洛杉磯分校（University of California，UCLA）和紐約大學（New York University，縮寫為NYU）就讀，後來他成了小兒科牙醫師。

老二書豪高中畢業後，最後決定進入申請到的哈佛大學（Harvard University）就讀，也是哈佛大學籃球校隊的一員。他主修經濟、副修社會學。

老三書緯高中畢業後，最後決定進入位於紐約州的私立漢密爾頓學院（Hamilton College），就讀該校的經濟系，並成為該校籃球校隊的一員。

【第 5 堂課】教孩子的方式 來自原生家庭的影響

　　教導孩子的方式，自然和我的原生家庭有很大的關係。由於我與父親相處時間很短暫，他過世時我才 5 歲，正是似懂非懂的年紀。因此，媽媽和兄長的教養才是真正影響我立身處世的關鍵之一。另外兩個關鍵則來自後來在美國生活的環境，以及基督教信仰。

　　關於父親，如果不是母親偶爾提起與幾張照片，我對父親的懷念是模糊但深刻。當我有了自己的孩子後，在他們的成長過程中，我花了很多也很長的時間，帶他們一起打籃球、教他們作功課等，就是希望彌補這份無法與父親相處、陪伴的遺憾。

對父親的回憶與懷念

我的原生家庭

2012 年，林來瘋席捲全球，記者特別到彰化北斗老家拜訪叔叔，叔叔才更進一步提供比較詳細的家族背景，其中有些是母親常常提起的。母親常說，父親的兄弟們，父親最照顧叔叔林壽祿。根據叔叔林壽祿和堂兄林清樹，提供簡短的家族史如下：

三百多年前，林家先祖林敬，在西元 1707 年（清康熙四十六年），從大陸福建省彰蒲縣西河堂，渡過臺灣海峽，來臺灣開墾定居，在彰化縣埤頭媽祖宮旁的路口厝定居。至今第九代，累計大約有五百位子孫。叔叔說，林家子孫，大部分務農，向來以安分平凡過日子自許。第七代的林新懇，就是我的父親，在六兄弟中，排行老三，而叔叔是老么。叔叔談起他的三哥，眼睛總是亮了起來，叔叔回憶說：「三哥在我們六兄弟中，身高和學歷都是最高的。三哥是家中最會讀書的，天生是讀書的料，腦筋十分靈光，同時身高也有 180 公分以上。」

在日據時代，雖然生活在一個充斥著動盪和內部爭鬥的發展中國家，父親的教育程度比其他大多數人要高，讀過宜

蘭農林學校，畢業於台北高等商業學校（現今臺灣大學商學院），也是一位熟練的語言學家，精通中、英、日、馬來語四種語言。高商畢業後進入台北總督府（現今台北總統府）工作，後來戰爭爆發，被台北總督府派往印尼爪哇峇里島火腿食品廠，擔任翻譯。日本戰敗後，父親回到台北，卻在39歲那年因盲腸炎開刀，傷口感染無法癒合而過世（西元1919～1958年），留下孀居的母親和四子一女。

母親在我（家中我排行第四）小學四年級時，帶著全家從彰化北斗再搬回台北，之後全家也繼承了父親優良的學業傳統。記得2012年暑假，回到老家彰化北斗祭祖，和叔叔聊到前塵往事，叔叔林壽祿深深吸了一口氣，感慨萬千地說：「這一切都是上天的安排，幸而你們都傳承了優良的基因。」

紀念和懷念

我的父親在我五歲時過世，在我的腦海裡，對父親總是有些模模糊糊的記憶，歸功於幾張早期的黑白照片，還有母親常常提起，對父親一些事情的懷念。加上幾件事情，至今還留在我的腦海裡，永遠揮之不去。

兩件記憶是在五歲以前，也記不清楚到底發生在幾歲。

第一件事是我小時候，父親在台北開了一間製米粉的工廠，記憶裡總是有工廠機器故障時，父親、叔叔和技術工人，圍繞著機器，討論著如何解決問題，隱約之間，還是有父親臉龐的印象。同一個地方，腦海裡也常浮現，我坐在工廠門口的椅子上，看著工廠前面的湖水，和在湖邊戲水的鴨子和雞群。

▲ 我的父親林新懇先生玉照。這張黑白照片是我媽媽常常拿出來給我們兄弟姊妹看的照片，也是我對我父親臉龐印象最深刻的一張照片。

第二件事是，我的二哥不知發生什麼事，姑姑、母親和父親圍著他，不知在講什麼。我一個人在旁邊，可能是落單，沒人注意我，就放聲大哭了起來，父親急忙轉過身來，把我抱了起來。

第三件事則發生在我五歲時，腦海中的記憶，和前面兩件記憶相比，這是最清楚的，也不時浮現在腦海中。記得父親因盲腸炎開刀，傷口因感染無法癒合，病情每況愈下，最後從台北回到位處臺灣中南部的彰化北斗老家祖宅溘然長逝。

▲ 我父親林新懇先生（右三）和母親林朱阿麵女士（右五）的結婚紀念照。

▲ 父親離世後，媽媽帶我們兄弟姊妹（右二是我）去台中公園玩，並在地標——湖心亭前留下了這張別具意義、劃時代的全家福。當時風華正茂卻必須含辛茹苦撫養我們長大的媽媽也於 2023 年離世，睹照思人，分外使我們懷念媽媽的恩情。

◀ 2013 年，我（右一）和媽媽還有兄弟姐妹大家再度合影，和幾十年前在台中公園湖心亭的合照相比，除了幾十年的歲月痕跡之外，最重要的是，不管母親對我們的愛還是我們對媽媽的愛與孝心都是永恆不變的，並讓家族永遠繁盛方可慰父親在天之靈。

記得父親過世前，是晚上時刻，臥房點著幾根蠟燭，房間顯得昏暗，母親和我們兄弟妹妹，圍在病榻前，和他抱了最後一次，接下來就是母親冗長的悲傷，以及在黑夜裡的哭泣聲。當時還小，不太了解父親的過世，會對整個家帶來巨大的影響。隔天下午，在老家三合院的廣場，和堂兄弟們玩耍，突然間，我推了中間供奉祖先牌位房間的大門，正撞見伯伯和叔叔，正要把父親的遺體放進棺材，也看見了父親像睡覺似的臉龐。我就趕緊把門關上，伯伯和叔叔也沒責怪我，大概因為我是他的兒子吧。人說年紀大了，記憶也會漸漸模糊，但是這件事，至今我還記得清清楚楚。

少了父親的「言教、身教」，影響巨大

以後在我長大的過程中，常常聽見母親提起父親的一些事情，才對父親有進一步的了解。隨著年紀漸長，對父親的懷念，有增無減，可能跟面對的問題，愈來愈多也愈來愈複雜，而且家庭經濟上的負擔也愈來愈重有關。

長大後才了解，少了父親對全家的影響是巨大的，甚至可以改寫我們的命運。有句俗話「言教不如身教」，成長過程中沒有父親在身旁的耳提面命，等於少了父親的身教，對全家的衝擊是不言而喻。大概是這份對父親的懷念所產生的

動力，使我後來有了自己的小孩，願意花很多時間陪伴在小孩的成長過程中，帶他們一起打籃球和教他們作功課有關。

母親常說：「要是父親還健在，看到我們都長大成人，不知道會有多高興！」願天下有父親還在世的家庭，好好珍惜你或你們和父親在一起的時光。

也願天下有單親媽媽撫養你或你們長大的家庭，好好孝順你或你們的媽媽，母愛是最偉大的。更願天下雙親健在的家庭，好好的珍惜和享受，這是上天給你們最珍貴的禮物——天倫之樂。

價值觀的形成

曾經在報紙上看到一則新聞——有一位家住大陸西南部城市的孩子，遠赴北京的大學念書，離鄉背井，對於媽媽做的水餃始終念念不忘，每次打電話問候家人時，都一定會跟媽媽說這件事。開學沒幾個星期，這位媽媽竟特地搭 4、5 個小時的飛機去北京，只為了把親手包的水餃送到孩子的手上。

看到這裡，我覺得母愛真的非常偉大，尤其在現在這個少子化的年代，孩子愈生愈少，個個都是寶，很多父母對孩

子溺愛卻不自覺，以為是愛的表現，結果可能不如人意。我就思考著，若這次帶去的水餃吃完了，小孩又想吃水餃時該怎麼辦才好！難不成媽媽又要親自「航空快遞」過去嗎？如果媽媽能教會孩子包出好吃的水餃，事情可能會變得簡單一點。孩子獨立了，就不需要時刻依賴媽媽了，也可一勞永逸。

母愛若變成溺愛，對小孩驕生慣養，任何事情都幫小孩準備好，小孩長大後就可能無法無天、予取予求，不能獨立，若誤入歧途，造成嚴重的社會問題，會讓父母痛不欲生。

有一句話：「要教小孩如何釣魚，不要給他們魚。」大家都知道這句話的意思，也就是說：「要教小孩如何謀生的一技之長，培養小孩事事躬親練習獨立，不要隨時提供小孩要求的東西。」關鍵在於若小孩有謀生的一技之長，小孩到那裡都可以獨立，不需要依賴父母供應他們的所需。反之若小孩沒有謀生的能力，一輩子需依靠父母的供應，若父母過世，那要怎麼辦？

所以，建立什麼樣的價值觀，以身作則地留給孩子呢？我以一個平凡人的角度，分享以下五個要點給大家做參考：

一是嗜好的培養、二是熱愛的傳承、三是逐夢的信念、四是堅持不懈、五是全力以赴！

感謝主，我把自己對於打籃球的嗜好和熱愛，成功地傳承了給我的小孩，以至於他們終生有良好的愛好和運動習慣，這是上帝對我們家的祝福。由於全家對於打籃球的嗜好轉變成熱愛，由熱愛轉變成競賽，從競賽中享受神給他們天賦與恩賜的樂趣，再從其中產生逐夢的信念，從而堅持不懈、全力以赴。

由於這價值觀的建立，特別是在大部分人都不看好時，孩子願意嚴格律己、勤奮練習，堅持不放棄，天賦縱使差人一等的孩子，也可以透過更多的練習來彌補先天的不足。感謝主的保守，給我的孩子機會，讓他們得以勝過天賦比他們更好的人。最後就以《聖經》〈哥林多後書〉3 章第 5 節的教養智慧與大家彼此勉勵之。

林爸爸教養小教室

價值觀形成的來源

並不是我們憑自己能承擔甚麼事；我們所能承擔的，乃是出於神。（哥林多後書 3：5）

林氏族譜

林氏祖先來臺灣定居，到我們這一代是第 8 代，三兄弟已屬第 9 代，目前族譜記載約有 500 人。

世代	姓名	生歿
第 1 代	林敬	1707～1782（76 歲）
第 2 代	林長桂	1742～1782（41 歲）
	林吳愛良（女）	1784～1821（38 歲）
	林良娘（女）	1760～1848（89 歲）
第 3 代	林元	1773～1838（66 歲）
	林羅敬娘（女）	1784～1831（48 歲）
第 4 代	林志德	1818～1885（68 歲）
	林邢良儉（女）	1827～1884（58 歲）
第 5 代	林知江	1857～1936（80 歲）
	林劉尹娘（女）	1859～1939（81 歲）
第 6 代	林字	1886～1966（81 歲）
	林鄭錦（女）	1890～1961（72 歲）
第 7 代	林新懇	1919～1958（40 歲）
	林朱阿麵（女）	1928～2023（96 歲）
第 8 代	林繼明、吳信信（女）	
第 9 代	林書雅、林書豪、林書緯	

第 1 代祖先林敬先生唐山過臺灣，由大陸福建省漳蒲縣西河堂來台開墾定居，落腳地為彰化北斗媽祖宮旁之入口厝地名。第一代及第三代祖墳不詳，第三代（林羅敬娘）目前供奉在北斗納骨塔 4 樓。

特別事蹟：

第一代祖先林敬先生在臺灣往生。

第三代林元先生，在媽祖宮旁擁有數十甲土地，富甲一方，至今媽祖宮廟留有捐獻提名柱子可循查。

西元 2009 年 2 月 20 日，時任馬英九總統巡視故鄉北斗花卉，駐足在林清樹宅午餐，並在宅內享受北斗肉丸及碗粿（目前由其第二子林重衛經營）。

第九代林書豪為臺灣之光代表，為臺灣首次登上 NBA 名人榜第一人。

林繼宗 整理 （2011.06.27）
林繼明 協助整理

▲ 2000 年 12 月 30 日，母親（右一）還有我們全家和大哥、大嫂（左一、左二）一家人在新北鶯歌附近的一家餐廳合影。大哥的老二（左三）已經長到 186 公分了！

▲ 上圖是我 5 歲時兄弟姐妹大家在臺中公園照相留念。下圖則是長大成人後各自開枝散葉和阿嬤一起拍攝的家族大合照，其樂融融。

為什麼全家會信仰基督教？

我在故鄉彰化北斗長大，從小到大接觸的都是故鄉的教育和本土的文化。在我們這裡，早期信仰基督教的人口比例是比較少的。所以有些人很好奇，為什麼我們全家會信仰基督教？

其實，在成長過程中，身邊周圍看到的、接觸到，都是土地公、關聖帝君、媽祖、觀音菩薩、釋迦牟尼、玉皇大帝……等等神佛。小時候媽媽常常帶我們去廟裡燒香拜佛，祈求上蒼保佑平安。有人說，這是道教，也有人說，這統稱是佛教，後來長大了才知道這就是一般所謂的「傳統信仰」。

直到在臺北念大學時，由於同學的介紹，偶爾會接觸到基督教，但機會不多。一直到大學畢業後，到美國留學，才有非常多的機會接觸到基督教的查經班，也就是查聖經和聆聽基督教牧師的講道。由於長年的接觸，加上有機會參加北美有名華人的佈道會，對基督教有更進一步的了解。覺得這個信仰很直接、單純、不複雜，還有牧師、傳道人和教友們互相扶持、信任與幫助，教友們都很團結和友善，在這樣的團體非常有安全感，也讓在異鄉的我們找到了溫暖，自然而然就成為其中一份子了。

只能說，一切都是上帝的安排。這部分單純給大家參考。

林氏家族

▲ 書豪剛出生沒幾個月，剛當哥哥的書雅很興奮地要一起照顧弟弟。

▲ 右上圖是書雅小時候在度假勝地太浩湖（Tahoe Lake）玩，那時候還不會游泳，帶著浮力手臂快樂玩水的情形；下圖是書雅（右）、書豪（左）、書緯（中）三兄弟的合照，兩個哥哥把書緯舉起來一起照相。

▲ 奶奶 72 歲在彰化北斗老家，歷盡人生滄桑的老人家，子孫滿堂，已經有安如泰山的心境了。

▲ 書緯 8 歲回到彰化北斗老家，在家門口好玩地騎上機車，模仿飆車的樣子。

▲ 我 47 歲時，全家一起回故鄉探親；到臺北玩，在中正紀念堂前合影。

▲ 2000 年 12 月 30 日，兄弟三人在鶯歌陶瓷博物館附近的餐廳拍照留念。

▲ 書緯 8 歲時，回到彰化北斗老家的三合院，在院子裡拿著公仔拍照留念。

▲ 2020 年 1 月 22 日，書緯和書豪在臺北和奶奶聚餐。

▲ 2023 年 5 月 1 日，兄弟倆一起到敬愛的、親愛的奶奶墳上敬拜

▲ 上圖：2000 年 12 月 30 日，書豪時年 12 歲，在鶯歌陶瓷博物館拍照留念。
下圖：2011 年，書豪剛結束在 NBA 的第一個賽季。暑假期間我帶他和書緯回到臺灣，
在彰化北斗老家和親戚們合影。

Part 2

教養篇 2
蓄勢待發

結合優勢，林家三兄弟的養成術

我也不知道自己為何這麼熱愛籃球，
但是我發現能和兒子們一起打籃球，
是一件很開心的事。
這應該也是神的安排吧！

【第 6 堂課】截長補短，融合東西方教養的優勢

　　我和太太兩個人是到美國的台灣留學生，在那裡落地生根，胼手胝足建立了家庭，並生養了書雅、書豪、書緯三兄弟。同時，還接受了基督教信仰，以及美國自由開放、任人發揮的個人主義思想，或許才因此機緣巧合之下得以融合了東西方的背景因素，使得書雅三兄弟由內到外、從身體到心靈，成為吸取兩方優勢的下一代。

　　我在本書中會盡量提供個人在德、智、體、群，以及教養等方面的經驗給大家，希望對各位父母教養孩子發揮啟發的作用。

東方教育特點

　　東方教育特別注重功課，尤其是花很多時間在課業和補習上，反而不注重運動、音樂、繪畫等課外活動的發展。

以我從小長大的環境來說，一早就去上學，很晚才回家，星期六早上還上課（週休二日還是幾十年後才開始實施）晚上和週末還要補習。日常生活的作息，以學業為導向，其他的活動都是次要的。

然而這樣的教育環境，較侷限於某種固定的價值觀，比較容易埋沒其他的人才，變成只在乎自己，無法養成熱心社區服務的精神和價值觀。

西方教育特點

西方教育則注重啟發式教學，鼓勵創新，不鼓勵背書，同時也注重課外活動譬如運動，反而能夠幫助孩子達到課業和課外活動兩者兼顧的目標。所以，西方教育常見在下課後和週末，就會看到孩子們參加各式各樣的活動，大部分家長也參與和幫忙，使活動可以順利進行。孩子的活動就是全家的活動，而且都是家長自願自費，主動參與。

來到美國成家立業後，比較之後才發現西方的教育環境，可以培養出各式各樣的人才，而且讓人們自願熱心參與學校和社區的服務。

西方教育文化另一個優點是，若員工或學生有特別突出

的表現，老闆或教師都公開讚揚員工或學生，若有須要改進的地方或缺點，通常是私底下一對一檢討，避免傷了自尊心。長期下來對人的自信心有著不同的影響，讓人的自信心十足，可以把潛能發揮到極限。

因此，如果孩子對某方面有天份、有才能，也展現出了潛力，想要好好走下去的，倒是可以嘗試尋求某些機構的經濟和留學的幫助，到美國能夠一展長才的機會比較大。

東西融合

由於我和太太來自東方的教育背景的關係，儘管我們的孩子接受西方的教育，所以在教養上，反而能讓我們能夠達到折衷、融合的目標。也就是說，我們會強調孩子放學後一定先要把功課做完，只要盡了力、成績達到一定的標準，就可以盡情地參加各式各樣的課外活動，這樣也就有機會發現孩子的興趣和天賦，課業和課外活動兩者皆可兼顧。

長大後，即使孩子無法憑藉興趣進入職業的領域，兼顧課業的結果也能成就了孩子的專業，自己還能獨立生活貢獻社會；若是有幸因為興趣的培養而成功進入職業的領域，反倒還能成就了所謂的「行行出狀元」這句話，一舉兩得。

再加上美國大部分的宗教信仰是天主教和基督教，禮拜天全家上教堂是大家的習慣，孩子們也有機會認識神和聖經的教導，在為人處世、人格培養方面也起了潛移默化的作用，加上教會的團體活動，孩子也有機會了解人與人之間的社交活動。

所以我們為人父母就是把握以下的教養原則：禮拜天帶孩子上教堂、每天要求功課一定先做完，才盡情參加各式各樣的課外活動，這樣一來孩子們學壞的機會也就減少很多。

教養四原則，缺一不可

在小孩的成長過程中，我和太太秉持以下四個教養原則：

● **課業**：要求孩子下課後一定要先做好自己的功課。
● **運動**：以身作則，培養孩子有好的運動習慣。
● **家庭**：注重家庭關係，家人要互相支持與陪伴。
● **信仰**：身體力行，主日帶孩子去教會認識神。

想想一天 24 小時甚至一星期的時間，除了學習課業的時段外，扣除休息和睡覺加上練習和參加比賽的時間，以及上教堂做禮拜，剩下的時間已經不多了，小孩要變壞的機會，相對的也減少很多。

◀ 2017 年 3 月 24 日，在南投埔里鎮思恩堂亮點教會的講座盛情邀請我以「不只是林來瘋，豪爸教養術」為題，舉行的親子座談會。以我和書豪合照為主圖設計的宣傳海報。

　　記得有一次我在臺灣南投某個學校，應邀演講關於「如何教育小孩？」這個題目也是當今很多年輕夫妻關心的。

　　分享後有一位年輕的媽媽問我一個問題：「我的小孩整天沈迷於打電腦遊戲，怎麼辦？」這個問題正指出現在的網路時代，由於新科技的到來，導致新一代的小孩和年輕人，沈迷於新的科技所創造出來的產品，譬如電腦遊戲。而且光是電腦遊戲這個項目，每年可以產生非常可觀的商業利潤，產品五花八門，玩的人數愈來愈多，甚至可以互相組隊在網路上互打。這位媽媽問了很多人想問的問題。

　　我的三個小孩也是非常喜歡玩電腦遊戲，特別是書緯，再來是書豪，最後才是書雅。對於我家老三小時候沈迷於電

腦遊戲，我也擔心過一陣子。後來這問題迎刃而解，為什麼？

就是我們一再強調的上述教養原則，父母必須徹底執行。舉我家書雅三兄弟來說，從小學到國高中，我們把握上述四項教養原則（參考本書 109 頁，），他們的空閒時間就愈來愈少，因為隨著年齡的增加，課業會愈來愈重，加上校隊練習和比賽的時間也愈來愈多，打電腦遊戲的時間會愈來愈少。

▲ 2017 年 8 月 18 日，書豪回到山景城基督徒會堂中文母堂做分享見證，教會長老歡迎書豪的場景。由於書豪一直在英文堂做禮拜，成名後很多中文堂的弟兄姊妹希望書豪可以分享見證成名的過程，耶穌基督如何保守他？等了 5 年終於等到了，當天我和我太太也一同出席。

換言之，我家老大書雅攻讀牙醫，平常課業繁重，老二書豪和老三書緯專攻經濟學，又是學校籃球校隊的一員，除了學業又有球隊的練習和比賽，時間被排得滿滿的，好不容易才有空閒，電腦遊戲就是他們放鬆心情的娛樂活動。後來三個小孩逐個進入職場，有時碰到事業上的挫折或更大的壓力，電腦遊戲可讓他們放鬆心情，重新充電後，繼續往前。

　　感謝神，我的三個小孩，不管是在順境或在逆境，特別是在逆境時，至今都能和睦相處、互相幫助、互相勸慰與砥礪。

【第 7 堂課】
親子與手足關係，以及交友

　　當父母親的，都當盡心盡力培養自己的小孩。希望小孩長得比我們高、比我們帥，學業、事業比我們好，甚至運動也比我們強。天下父母心，望子成龍，望女成鳳，人之常情。但不是每個家庭的父母都能如願，我們只能盡最大的心力陪伴和教養孩子長大成人。

陪伴、安慰、支持、禱告

　　仔細觀察生活在我們周圍的家庭，譬如每星期去教會做禮拜的會友，皆來自不同的家庭。

　　在美國長大的第二代華人（ABC），他們從事的事業大多是律師、金融業務、政治界、創業開公司……等等。我們

做父母的，有一大部分是學工程，來美國留學，是早期的第一代留學生。因為父母和孩子所學的專業不同或由於科技的迅速變化，在事業上能幫助小孩的非常有限。

書豪 2010 年進入 NBA，對第二代華人來說，是史無前例的。當他在 NBA 的第一年，運動生涯很不順利，心情上有時會陷入低潮，當父母的又沒有經過和他同樣的經歷，父母只能陪伴他、安慰他、幫他禱告，求神幫助他。

不論在臺灣、大陸還是美國，很多家長都會問我們，是如何培養三個小孩？我會引用下面兩節經文：

「兒女是耶和華所賜的產業；所懷的胎，是他所給的賞賜。」（詩篇 127：3）

「若不是耶和華建造房屋，建造的人就枉然勞力；若不是耶和華看守城池，看守的人就枉然儆醒。」（詩篇 127：1）

為人父母只能盡最大的力量來教養小孩，我們不敢自誇這是我們的功勞，但我們敢說這是神的憐憫和神的恩典，帶領我們的小孩走在神為他們預定的道路上。

因此，重覆一次：「地上的父母，只能盡最大的力量來陪伴和教養小孩。」

▲ 父母，只能盡最大的力量來陪伴和教養小孩。全家在山景城基督徒會堂聚會所攝。

夫妻一體、功用有別

母親懷胎十個月，孩子出生後，在食衣住行上，把孩子照顧得無微不至，這是偉大母愛的表現。父親為了養家，外出打拚、流血流汗，終身勞苦，在家的時間，相對的比較少，卻依然展現了父愛。這是傳統父親和母親在家庭角色大致上的不同。

儘管，隨著時代變遷，父親和母親的角色已有彈性變化。然而，無論如何改變，孩子的成長階段，父母卻不該缺席。

在小孩的成長過程中，若少了父親或母親其中任何一位，或沒有父母親，長大後的小孩，在性格發展上會顯得不完全，好像少了些什麼的。

聖經教導，夫妻二人要成為一體，但功用有分別。所以在教養小孩方面，夫妻的角色和功用也隨著不同的家庭而有所不同，不變的是，無論如何都要同心協力教養小孩，如此長大後的小孩，除了能繼承了父母親雙方的優點，個性上還會顯得更成熟、更有自信，甚至青出於藍。

舉例我們家的三個孩子，我和我太太因各有擅長，得以分工合作來幫助孩子學習成長，否則只要少了父親或母親任

何一個角色，都會捉襟見肘、處處顯得不週全。

「因此，人要離開父母，與妻子連合，二人成為一體。」（創世記 2：24）

「功用也有分別，神卻是一位，在眾人裡面運行一切的事。」（哥林多前書 12：6）

母愛無處不在

我太太在教會也忠心服事，幫忙做兒童事工和當兒童的主日學老師，一方面也可以領略聖經的教養智慧，就近教導小孩熟悉聖經的故事。雖然三兄弟在小學和國中階段，先後都自己決定信主，但對信仰在現實生活中所起的作用也還在經歷和摸索中，自然需要母親或大人的指引。

同時，由於孩子也是學校籃球校隊的一員，我的太太便也投注心力在球隊裡當隊媽，協助教練做球隊的聯絡工作、安排整個球季的比賽事宜、食宿和交通安排等等諸多事項，讓教練和球員能專注於平常的練習和比賽，不會被其他繁瑣事情分心。我太太也常常和學校老師以及球隊教練溝通，以免因為球隊的練習和比賽，而影響到小孩的功課。所以父母

親當各以其所長，分工合作來幫助小孩。

　　我太太雖然自己也很忙，但是看到孩子們對籃球的熱愛和享受籃球比賽的樂趣，依然會幫忙打聽各籃球組織的消息或協助組隊，以便孩子們能夠參加比賽。

▲ 全家在夏威夷渡假時，書豪（中）、書緯（下）和媽媽合影，這是很特別的一張照片。媽媽無盡的愛與陪伴，使得兩兄弟能夠在人生道路上不偏頗且找到正確方向，和哥哥書雅三人成為社會中堅，還能夠回饋社會、貢獻所長，這才是最令人感到安慰的地方。

父愛興趣引導

身為父親可以從他自己的嗜好，自然而然、以身作則培養孩子們也有良好興趣，假以時日很可能就會成為孩子們的專長。這些是有例可尋的，譬如柯比（Kobe Bryant）和柯瑞（Stephen Curry），他們的父親也是職業籃球員，由於從小就耳濡目染，長大後成為 NBA 的超級明星，正是青出於藍勝於藍的最好證明。

另外，為人父親也可檢視他自己的成長過程中，若缺少了什麼寶貴經驗，就該避免他的孩子重蹈自己的覆轍。譬如我自己，童年時沒有機會養成運動的習慣，等我自己有了孩子，覺得「打籃球」是良好的嗜好（其他球類運動或是音樂、舞蹈和繪畫等也是一樣），也從其中養成運動的習慣，更享受其中所帶來的樂趣和身體的鍛鍊。這就是「**體育**」。

我的同學當中，有幾位籃球好手。同學們聚會在一起聊天的時候，他們好奇問：「念大學時，沒見過你打籃球，為什麼你的孩子籃球打得這麼好？反而我們會打籃球，我們的小孩在籃球上卻沒有突出的表現。」

這件事讓我深思了一陣子，結論則只有一句話「不要把

一切視為理所當然」。簡單說就是，不要以為自己是籃球高手，自己的小孩「當然也是」籃球好手。

我自己赴美求學開始看籃球，工作後才開始學打籃球，除了健康因素，也是為了我的孩子有好的運動習慣，才試著從孩子小時候開始帶他們一起打籃球，直到孩子們長大、成家立業後依然沒有間斷。這絕對是需要花時間且身體力行的一個好習慣，因此，這也是我強調，不要把一切視為理所當然的原因。

感謝主，我對籃球的熱愛加上太太的鼎力相助，不只影響還傳承給我們的孩子了，這一切都是神的恩典。

團體競賽的學習與培養

三個孩子或許從小我就帶著打籃球的關係，起步較早，自然動作和技巧跟同輩小孩相比，比較熟練程度也比較好。也因此，小孩會更有機會進入校隊或校外的球隊打球。

籃球是團隊運動（許多球類運動也是），要教導孩子平常一定要懂得和隊友和睦相處，比賽時，隊友才能和你通力合作，若小孩有領袖的特質，在球隊裡就有機會表現出來，

▲ 書豪（第二排右一）16 歲時，參加柏拉阿圖（Palo Alto）高中學校籃球隊，擔任
控球後衛，必須和隊友相處融洽才能傳出好球，成為球隊領導。當時的教練 Peter
Diepenbrock（後排右一）則是北加州灣區知名教練，球隊在他的帶領下，成為加
州勁旅。

也會有機會被賞識。

另外，不論是練球還是比賽時，一定要懂得服從教練的命令和指導。只要有機會上場時，一定要盡力展現自己的本事和天賦，而這些技能則必須要在平時刻苦努力的訓練中才能培養出來。

同時，孩子在球隊的團體生活中所建立的人際關係，對於他的成長也是至關重要，這包括學習和培養出合群、抗壓、尊重團隊、服從、積極進取等能力，這就是所謂的「**群育**」，同時也是發展「**情商**」（EQ）的一部分。這些品質在未來進入職場工作中非常重要。

【第8堂課】
功課非全部，卻是很重要的部分

　　我和我太太對教養小孩的觀念是一致的，就是讓他們做喜歡做的事，絕不勉強小孩做他們不喜歡的事。在我們家裡，非常明顯的，就是他們特別喜歡打籃球，而且也打得很好。

課業的重要

　　美國式的教育，著重於啓發性的創新，不注重填鴨式的背書。當年我在普渡大學念博士班，理解到美國各個專業領域都需要有論文發表，而論文被發表的關鍵在於有沒有創新的論點或以簡單的程式來總結一大部分的論點（譬如愛因斯坦的質能互換定律），即使是很簡單的觀念但只要是創新，

就被視為珍寶。有創新，才能有所突破和進展，才能有可被證明的新理論。

由於教育方式的不同，美國的中小學生下午兩點至三點就下課，所以學生有更多的時間參與課外活動。所以三個小孩下課後，馬上做功課，做完後即可打籃球，特別是有了打籃球的興趣後，就花更多時間打籃球。

功課做完，才能打籃球

為了不讓小孩荒廢功課，我們跟孩子們約法三章、訂好規則：功課做完後，才能打籃球。小孩每天下課後，一定先做功課，只要功課能做完，花多少時間打籃球都可以。功課沒做完的小孩，就留在家裡繼續做，直到功課做完；功課做完的，我會帶他們一起去 YMCA 打籃球。

規則定好後，功課和打籃球，是可以相輔相成，前提必須是小孩喜愛打籃球（其他課外活動也是一樣），他們會盡快做完功課，若有不會做的功課，哥哥會指導弟弟盡快把功課做完，之後他們就可以一起盡性地打籃球。

小孩到了高中，若又是校隊的一員，訓練和比賽會占去很多時間，加上小孩需花時間研究如何申請大學，為了能申

請到好的大學，功課上的壓力也很大。值此小孩最需要幫助的關鍵時刻，父母親可利用自身在職場上的專長，從旁輔導孩子的功課。譬如我是念理工的，數學和物理科目，就由我負責，我的太太則請了出色的英文家教，幫助小孩加強英文，尤其特別注意英文寫作方面的提升。

課業比運動重要！

我們常常被問到一個問題，就是課業和運動哪一個比較重要？我的答案是「課業比運動重要」！

2009 年，華裔美國人在 NCAA 的 D1 籃球隊裡只有 20 人（現正可能稍有增加），而 NCAA 的 D1 籃球隊總共有 5051 人。這是 ESPN 資深記者 Ms. Dana O'Neil，在 2009 年 12 月 10 日訪問我時引用的數據。華裔美國人在 NCAA D1 的比例大概占所有球員的 0.4% 左右，而這些華裔美國人能從 NCAA D1 中被選入 NBA，更是少之又少。

能被選入 NBA 既然這麼少，所以小孩大學畢業後，必須有一技之長，才能獨立謀生、成立自己的家庭，對社會國家有所貢獻，也不枉費父母從小栽培的苦心。而這一技之長，通常都是從大學的選修課程中學來的，所以課業比運動重要，

教數學的甘苦談

當小孩上高中，準備升大學時，課業比較難，有時需要幫助。老大書雅，比較獨立，我幾乎沒花時間在他的功課上。後來他念的又偏向生物科學方面，也不是我的本行，慶幸最後他自己很爭氣，成了牙醫師。

老二書豪，由於籃球校隊的練習和比賽，占了很多時間，加上參加校外籃球組織，也花了不少時間，所以在數學和物理方面，我花了不少時間幫助他，特別是數學方面。記得書豪上高一和高二時，每天吃完晚餐，我都會花時間教他數學，尤其重要的數學觀念，他也很勤快，把書上該做的例題，自己補上。

老三書緯，也參加了籃球校隊，我花了最多時間在他身上，大概是書豪的兩倍或三倍時間教他數學。不只需要教他數學的重要觀念，還要教他書上的每個例題。幸運的是，書豪和書緯的 SAT I and SAT II 都考了滿分。

記得有一次花了很多時間教書緯數學，但是他總是不理解問題所在，情緒一來罵了他說：「你怎麼比 XX 還笨。」罵了之後，才很後悔不應該這樣罵小孩。一來措詞不當，二來人與人之間本來就不應該互相比較，畢竟每個人都不一樣，這一點也是父母親要注意的，以免無意間傷了孩子的自尊心。

SAT 測驗

SAT 測驗的全名稱是 Scholastic Assessment Test，是由美國大學委員會（The College Board）所舉辦的大學入學能力測試，以做為美國各大學入學申請的參考。其分為 SAT I 的 Reasoning Test（**理解力測試**），以及 SAT II 的 Subject Test（**學科測試**）兩個部分。

SAT I 主要在測試考生的語文程度及數學推演能力，做為預測考生進入大學後成績的參考資料，同時也能當做比較不同學校畢業生程度的參考；SAT I 的測驗對象是高中二年級及三年級的學生。

SAT II 則主要在測量考生在某一學科的知識和運用這些知識的能力，分為英文寫作、文學、數學、生物、化學、語言及聽力測驗等 22 種學科，但每位考生每次最多能夠報考 3 種學科。

這就是「**智育**」。

從信仰帶出人格的培養

記得書豪在高三（相當於臺灣高二）之前，由於會打籃球的關係，養成心高氣傲的態度，平常學校的籃球練習不太專心，可能是因為練習對他來說太簡單，有時也會和教練頂嘴，給人很驕傲自大的感覺。高三那年的球季尾聲，球隊在爭奪區域冠軍賽的前一天晚上，他在 YMCA 和朋友打籃球，不小心受了非常嚴重的腳傷，以致無法參加區域冠軍賽和接下來的北加州冠軍賽。

由於受傷非常嚴重，看了醫師後休息了 6 個月才完全恢復。恢復後，他自己反覆思考，若沒有神的保守，腳傷可能導致他以後永遠不能打籃球了。還好他從小有好的信仰，當受傷恢復後，才體會神給他的信息是什麼。

受傷恢復後，出於對神的敬畏，變得非常謙虛。學校球隊練習時，也不會和教練發生爭執，和隊友之間的相處融洽，也更進一步展現領袖的特質，最後更帶領球隊在高四（相當於臺灣高三）拿下加州第二分區冠軍，打破學校十年來的紀錄。

若一個人的人品不好，受教育的程度愈高，對社會國家的傷害會愈大，因為這種人受的教育愈高，更會找出理由和方法，為自己辯解，欺瞞社會大眾，混淆是非。而且一個人受的教育愈高，並不能保證這個人的人品就是好的。人格的培養，是非常重要的。

　　所以父母一定要以身作則，給孩子好的信仰，做孩子的榜樣。若書豪從小沒有好的信仰，就不會理解神藉由腳受傷傳給他的信息，讓他原本驕傲的態度，因為信仰而懂得自我反省。態度改變了後，神更加祝福他，這就是「**德育**」，也是「**人格的培養**」，更是「德智體群」四育中最重要的一項。

球輸了，罵髒話！

　　有一次柏拉阿圖（Palo Alto）的兩所高中的校際比賽，在籃球上，這兩所學校是互相競爭的，而且非常激烈。這次比賽，比數整場都非常接近，到最後書豪的球隊不幸落敗。我看到書豪非常不高興，還罵出髒話，當場有很多人，我也不好說什麼。

　　回到家裡，他就被我糾正了。我說比賽有輸有贏，吸取教訓，下次再努力即可，被我追問他說了什麼，因為是髒話，他自己都不好意思再說出來，還差點被我修理。此後，不管比賽如何，他再也沒有罵出髒話。

林爸爸教養小教室

美國的學制

美國是 12 年義務教育，分為國小、國中和高中三個階段，但是和台灣不一樣的是國小是 5 年，不是 6 年，國中則是 3 年，高中是 4 年。分列如下：

階段	美國年級	台灣年級
國小 (Elementary School)	一到五年級	一到六年級
國中 (Junior High School)	六到八年級	七到九年級
高中 (High School)	九到十二年級	十到十二年級

天賦與恩賜

上帝給每個人的天賦與恩賜不同，當父母親的，要很注意，小孩的天賦與恩賜在哪裡？絕對不能逼小孩做他們不願意做的事，或做我們要他們做的事，而這恰好是他們不願做的。

「恩賜原有分別，聖靈卻是一位。」（哥林多前書 12：4）

其實三兄弟小時候不只打籃球，也拉過小提琴、彈鋼琴、彈吉他、踢足球、打羽毛球、打網球等等。跟大部分在海外

的華人家庭培養小孩一樣，每天給小孩排得滿滿的活動。書雅、書豪、書緯小時候都彈過鋼琴，書雅彈得最久，再來是書豪，再來是書緯。為了激勵他們彈鋼琴，鋼琴老師每隔一段時間會舉辦鋼琴表演，請學生們一一上台表演，以此激勵彼此努力練習彈鋼琴。

記得有幾年，每次書豪上台表演，都彈奏同一首歌曲，最後老師也覺得不好意思，因為這位學生幾年來都沒有進步，書豪自己也過意不去，我們也認為浪費錢，最後決定不讓他繼續彈琴了。顯然彈鋼琴不是他們的天賦，也不是神給他們的恩賜。

最終他們都沒有繼續彈鋼琴，但他們選擇打籃球，我們也全力支持。因為從打籃球的過程，我們可以看到小孩們享受打籃球的快樂和積極性，而且小孩的天賦與恩賜也漸漸地顯露出來。但是有些教會的家庭朋友和上班的同事，有時會用懷疑的眼光或話語，告訴你華裔美國人打籃球，是沒有出路的。

孩子的天賦和恩賜在哪裡，當父母的應該最清楚，也應當用心去發掘，關鍵在於小孩是否享受在其天賦和恩賜中。

記得有一年的 NBA 全明星賽，發生在林來瘋之後，我們

全家剛好也去看全明星賽。在所住的旅館裡，有一對年輕夫妻認出我，就請我坐下來，年輕的妻子當面問我一個問題：「我先生是樂團的一員，最近樂隊進行不太順利，我最近很憂心，是不是勤加禱告，樂隊就能一帆風順呢？」年輕夫妻接著又說：「他們看到報章雜誌報導，書豪在林來瘋之前的事業低潮時，常常讀經、靈修和禱告，後來林來瘋就爆發了，因此，只要如此做就可以了嗎？」

▲ 書豪連續好幾年都彈同一首曲子，彈到大家都不好意思了！只能說真的是「恩賜有分別」，乖乖專心打籃球就對了，這才是他的天賦！

我聽了之後，給他們的回答是：「常常禱告和神交通是好事，也更能體會神對你們的心意，但勤加禱告，樂團是不是就一帆風順，在於組樂團是不是神給你們的天賦和恩賜。」

▲ 三兄弟喜歡作怪好玩。

【第 9 堂課】
陪孩子探索未來的藍圖

陪著孩子去探索世界，是刻不容緩的事情。

讓孩子多方嘗試，盡可能課內課外都平衡發展。父母扮演的角色不只是領航員，還要負責把關，在危險的時候拉孩子一把。一直以來，最重要的課題，往往不是大人的時間夠不夠用，而是願不願意去陪伴孩子。

從課外活動找興趣

為了進入心目中符合自己專長或興趣的大學，很多高中生會從更早就開始努力。可能有人會問：「小孩子年紀這麼小，怎麼可能清楚知道自己喜歡什麼呢？」與其說他們不知道目標，不如說他們不知道怎麼找目標。所以，得靠家長從旁協

助，讓他們盡情地摸索。這就是為什麼三個孩子的成長過程，我與太太總是會讓他們參加各式各樣的課外活動，參與這些不只是讓他們身體更健康、生活更充實，孩子也能從中找到「**喜歡的事**」。

我們小時候都會夢想將來的志願是什麼？我也不例外，我小時候的志願是當個像愛迪生一樣的發明家，後來才會選擇念理工組，想當工程師。後來自己學習打籃球，有了小孩，接觸了美國的運動文化，也會跟小孩們分享自己一生的夢想與遺憾。

我有時候會跟孩子說：若我從小生長在美國，吃的是美國的食物，而且有一位喜歡打籃球的爸爸帶我一起運動，說不定我可以長得高且壯，說不定我可以打 NCAA D1 的籃球……還開玩笑的跟他們說，若運氣好的話，說不定還可以進 NBA，讓大家大笑一番。

三個兒子小的時候，根本還不知道自己喜歡什麼，我就帶他們去打籃球，我把從 NBA 裡學到的那一套，也用來帶他們和我一起打籃球，三個孩子都還算有興趣，漸漸地到熱愛的程度。開始上學之後，我和我太太就盡量讓他們參加學校的球隊，同時報名社區球隊的比賽，也帶他們加入一些有知名度的運動組織，讓他們有機會盡量表現他們擅長的能力。

值得慶幸的是，三個孩子所處的生長環境，沒有嚴重的補習風氣，課餘時間相對就多。

陪著孩子去探索世界，是刻不容緩的事情。否則 3C 產品普及化，逮到時間他們就只想投入虛擬的世界裡，自我介紹時興趣永遠是「玩手機」，或許在枯燥乏味的課本之外，吸引他們的真的只有手機，要是連爸媽都被手機黏住了，他們很難知道手機以外的世界有什麼「好玩的」。這時，父母扮演的角色就很重要了，不只是領航員的角色，還是負責關注孩子的安全。最重要的課題，往往不是時間夠不夠用，而是家長願不願意陪伴孩子。

幫助孩子愈早發現自己的興趣愈好

孩子在高中前確認好自己的嗜好，可以少走很多冤枉路，也比較有機會進入嚮往的大學，這是我一開始沒有想到的。不過，帶著孩子去從事運動時，就觀察到不論是平日下班後，或週末假日，在公園或學校或球場或運動場等，室內或室外到處都是人，大人小孩都有，非常熱鬧。很多時候，孩子的天賦與性向，就是在這種意想不到的情況下，自然而然地顯現，進而能適性地去培養與維持。

在孩子的興趣培養上，我和我太太絕對是不餘遺力地在協助他們。我家的三個兒子，跟一般男孩差不多，都很好動、閒不下來，我太太會盯著他們完成功課，而我則負責在他們「達成課業任務」後，帶他們去外面跑跳、打球與放電。打著打著，隨著他們年齡漸大，稍微有點球技，能報隊參加小型賽事，太太開始跟著積極參與，也會為了兒子跟著比賽東奔西跑，花很多時間幫忙張羅球隊裡的事。

參與比賽能學習團隊合作，也學會成功與失敗（勝不驕、敗不餒），這些都是書上沒寫的技巧。當然，更多了被看見、被賞識的機會，包括球探或學校裡的教練。三個兒子年紀相仿，多了很多「實戰」的經驗（三個人會和我一起去打籃球），或許因此，小時候的他們，在籃球的表現上會比同齡孩子稍微好上一些些。

好的陪伴其實才是最重要的教養方式。孩子小時候根本不知道好壞，父母、長輩的陪伴和選擇就非常關鍵。除了帶著三兄弟打籃球，我們夫妻還會帶他們釣魚和各處去玩，這就是一起去迪士尼樂園玩的留影。左是書雅，中間是書緯，右為書豪。三個人雖然都很興奮，不過太陽太大，只有書豪還是笑得露出了正在換牙、缺兩顆門牙的燦爛笑容。

▲ 陪伴孩子最好的方式就是帶著他們一起玩，既能增進親子情感，又能潛移默化各種觀念。圖為我們父子四人一起在加拿大洛磯山激流泛舟的情景，左三是我，左四則是書緯，右三是書豪，右一是書雅，當時正經歷一個急流之後，即將進入下一個急流。這樣驚險刺激的經歷，事後可是讓我們回味不止。

我們家三兄弟很明顯地就是喜愛籃球，除了老大書雅做了牙醫，老二書豪和老三書緯都選定職業籃球員為職業，這都是我們不設限，和他們一起探索出來的結果。

籃球是孩子們的最愛

在小孩成長過程中，正是 NBA 喬丹帶領的芝加哥公牛隊的王朝時期，因此只要是我們全家籃球偶像——喬丹和公牛隊的比賽，特別是季後賽，就肯定是闔家觀賞的時刻。這時候就是沙發上全家排排坐，有飲料、薯片和其他零食，一面觀看一面享用，若有精彩絕倫的動作，總讓全家人興奮不已。

中場休息時間，小孩偶爾會跑到後院的籃球架，模仿喬丹的投籃動作，也互相嬉戲對打。下半場開始後，小孩們會

一面在後院鬥牛，一面跑到後院的落地窗，正是我坐的沙發後面，看著下半場進行的比賽。一會兒鬥牛，一會兒看比賽，一來一往，非常熱鬧。

因此，和孩子一起打籃球，以及全家觀看 NBA 球賽，兩者都成了我們家庭生活的一部份。而那些籃球明星的動作，也成了我們一起打籃球時模仿的對象。這樣的結果，對三兄弟設定未來目標就奠定了好的基礎。

正所謂「天下父母心」，哪有父母不希望自己的孩子未來

▲ 書緯所站的地方是家裡的院子，也是三兄弟一會兒鬥牛，一會兒看比賽的處所。環境的薰陶，對於籃球的熱愛自然都浸到骨子裡了，也因此書豪和書緯能以籃球為業，並擁有良好的學業成績，而書雅儘管成為牙醫，卻也身強體壯，令人放心，這都是愛打籃球的功勞。

能走到有志趣的那條路呢？不只是我們家，身邊很多家庭都是這樣，在孩子功課做完後或週末假日，就盡量讓他們多方嘗試，課內課外平衡發展，才有機會自我發掘喜好和天賦，不會侷限在「成績」這個無形的框架中。如今臺灣的教育與升學模式也愈來愈趨向多元，功課之外還有更多的學習等著孩子去探索。

以我們夫妻來說，不管是生男生女，我們都認為很好，結果生下三個男孩，我們總覺得一有小孩，自己的責任重大。

後來太太看我常常帶三個兒子釣魚、看電影、打籃球，總是說：「要是我有女兒，一定被我寵壞。」對我來說，即使我有女兒，應該也是像對男孩一樣，會帶著男孩和女孩，跟我一起做我喜歡做的事。

贏球，做夢也會笑

5 歲到 6 歲的小孩對於打籃球一點概念都沒有，要如何開始？就像釣魚一樣，若跟小孩解釋釣魚有多好玩，講了老半天，小孩也聽不懂，倒不如帶著他們一起釣魚，來得直接了當。打籃球也是一樣，跟小孩解釋一些基本動作，小孩也聽不懂，倒不如直接做基本動作給小孩看，他們照著做，來得實際。有一句話叫「知難行易」，大概就是這個意思吧。

帶孩子們打籃球一陣子，他們會覺得功力愈來愈強。原因是他們太小，防守上我對他們也只能做做樣子，跟他們玩在一起，讓他們多多進球，一方面增加他們的信心，一方面也增加他們的興趣，他們沒有理解到，大人打得比他們好多了。所以常常孩子們跟我對打，輸了會很不高興，而且會向媽媽告狀，甚至有時會吵起來。見證了人性，天生本性如此，

▲ 父子一起打球對我們而言，不只是情感的促進，更是一種很重要的儀式，還是家族團結的象徵，使大家的心得以緊密連結在一起。

隨著年紀漸長，比賽場數漸多，畢竟比賽有輸有贏，吸取輸的教訓，改進自己，繼續往前走，才是正途，個性才漸趨成熟，這是參加運動比賽的好處。

當書緯 5 歲時，書雅已是 12 歲，書豪 9 歲，好幾次我帶他們到附近小學的籃球場打籃球，我一個人對書雅、書豪兩人，而書緯在旁邊看，我為了增加他們的興趣和信心，比賽當中，故意讓比賽分數十分接近，但在最後決勝的一球，故

意輸給他們。他們就非常高興,回家路上,有說有笑,到了家,趕快找到媽媽,一起吃晚餐,一面跟媽媽吹噓,他們今天如何打贏了爸爸,好像自己的球技已經非常了不起,整個晚餐時間,你一言我一語,爭先恐後地講他們如何戰勝。晚上小孩入睡後,還看到書緯好像在做夢,嘴巴喃喃自語,偶爾還會笑出聲來。

籃球,最好的回憶

　　父子一起打籃球,已經是平常活動的項目,大部分我們是在 YMCA 的室內籃球場打球,到了星期天晚上,我們會到教會球友租借的體育館,組隊打業餘對抗賽。若碰到 YMCA

▲ 我們陪著三兄弟打球,讓他們打出興趣之後,自然成為生命裡不可或缺的元素,再堅持陪他們往前走,就能夠創造出不一樣的成果。圖為三兄弟各自不同時期的籃球照。左邊的書雅是國中參加基督教運動聯盟的籃球比賽,中間的書豪 13 歲在柏拉阿圖參加校外的 NJB 籃球隊,右邊書緯則是在柏拉阿圖高中籃球校隊。

的籃球場有特別的活動，或國定假日不開，或地板整修，我們會到家裡附近小學的室外籃球場打籃球。

記得有幾次是星期天，碰到找體育館的趣事。剛好是晚上八點左右，正好吃過晚飯了，租借的體育館年度地板整修，所以關閉了。小孩們和我平常打籃球的球友，正到處打聽，哪裡有體育館，可以去打籃球。後來問到書豪高中教練有學校體育館的 key，可以讓我們去。於是連絡所有的球友，我帶著小孩們開車到學校的體育館，和大家會面，盡興地打籃球，度過美好的一晚。

運動對小孩身體的好處

現在回想起來，小孩從小就帶他們一起運動，在飲食和身體方面，是有意想不到的好處。

長高期的飲食

小孩在小學國中和高中這段期間，由於常常運動的關係，吃得多，牛奶喝得多，水也喝得多，睡眠充足，身體比較健康，少生病，也少感冒。記得每次我們一起打籃球後回家，由於出汗很多，就趕緊洗澡，我就猛喝水，小孩們猛喝牛奶、

運動飲料或水，胃口也增加了，因為運動很消耗體力。

　　每星期有三個晚上固定在 YMCA 打籃球，大約從晚上 8：30 到 10：00 左右。回到家後，也是全身都是濕的，趕緊洗澡後，吃點東西，喝完牛奶或運動飲料後，馬上就寢準備明天早起去上課。由於運動消耗體力，睡眠也比較充足。

　　高中是小孩的長高期，我早上起來，先準備三明治給小孩當早餐，也預備了運動飲料和水果。三明治上有麵包、生菜、切片的番茄，肉片可用火雞肉或火腿肉或牛肉或其他肉類，可塗美乃滋或果醬或花生醬在麵包上。

▲ 能把三兄弟養得又高又壯是我和我太太最驕傲的事情。因為帶著他們從小一起打球，多運動、睡得久、喝得多、吃得有營養（充足的蛋白質），規律的生活安排，自然就長得高，成績也不錯。圖為 2014 年，全家人在夏威夷度假，三兄弟（左為書雅，中為書緯，右為書豪）在檀香山火奴魯魯海灘的合照。

　　我會幫書雅和書緯各準備一份，書豪則需特別準備雙人份，早上 7 點到 7 點半在載往學校的路上，他們就在車裡吃三明治早餐。到了早上十點鐘第二節下課，書豪就需要吃第二份三明治，到中午就和同學們一起去吃午餐。

　　長高期，通常每星期我會準備一到三次的牛排餐（肋眼牛排，Ribeye steak）給小孩當晚餐。加上高中的運動量增加不少，小孩需要充足的睡眠，也吃很多，喝牛奶則像喝水一樣，更不用說喝運動飲料了。睡得久、喝得多、吃得有營養，所以三個小孩都長得比我們高，尤其是書豪，是全家身高最高的。

跟孩子一起運動的好處

　　若是自己一個人打籃球，久而久之，有時會覺得很無聊，沒有衝勁。有了小孩，帶他們一起打籃球，感覺則不一樣。不僅可以訓練小孩，自己也運動，同時父子有互動的機會，加上看到小孩愈來愈熱愛打籃球，打得也愈來愈好，真是一舉數得。小孩長大到成年有將近二十年的漫長歲月，也是父母工作正忙碌和事業正往上衝的時期，若能長期保持和小孩一起運動，不只事業和家庭兼顧，也是全家維持身體健康的好方法，更是大人保持年輕狀態的好秘訣。

允文允武三兄弟

▲▼ 從小一起打籃球的三兄弟,難得有空聚首時還是會和我一起去打球。書雅雖然沒有打職籃,但是認真起來還是不輸給兩個弟弟!精彩動作連連。

▲ 書緯（右圖）和書豪（左圖）雖然往籃球界發展，但都是接受完整的大學學業，在畢業後才投入成為職業籃球員。

▲ 老大書雅（左二），後來選擇成為牙醫師，打籃球則是強身健體的運動，發展出和兩個弟弟不一樣，卻同樣精彩的人生。

Part 3

奮鬥篇 1
振翅起飛

躍高前的蹲低，爆發的前兆

從來沒想過林書豪會進 NBA。
我只是想在孩子做完功課後
陪他們打籃球、鍛鍊身體。

【第 11 堂課】小學和國中：發掘潛能，給孩子足夠的舞臺

陪伴三兄弟從小一起打球的習慣，隨著他們日漸長大，也看到他們在球技上的進步。而讓他們經年累月和大人打球「越級打怪」的結果則是，超越同儕的成熟球技，這點倒是當初陪他們打球沒想到的大收穫。

林家三兄弟的逐漸強大

耐心帶領孩子一起學習成長

最基本的動作如左手運球右手運球，面對籃框右邊右手運球上籃，面對籃框左邊左手運球上籃，定點投籃，運球跳投……等等。需按步就班做給小孩看，讓小孩照著學，一個一個來，不能操之過急。從不會到會，需要花很長的一段時

間，可能一到兩年，甚至更久。

當父親的需要有很大的耐心，不能氣餒，把這些當成父子互動的機會，是一種樂趣，也是一種享受，更是當父親的權利與義務，是別人替代不了的。事實上也達到了我每天下班後運動的習慣，真是一舉數得。以前是自己打籃球，現在是享受與孩子相處的天倫之樂。

等到他們可以掌握某些基本動作後，可以模擬和他們打一對一。剛開始，只是做做姿態，跟在小孩身邊跑，因為小孩太小，肯定打不過大人的，做做樣子即可；等到基本動作更加熟練，防守他們時，可以將手舉起來，讓防守壓迫感更大，但不要打到球；等到小孩更大了，和他們對打時，可以偶爾嘗試著打掉幾個球，再加大防守力度，讓小孩理解，在有人防守之下，動作是需要做調整才能進球的。等上到國中或高中時，就可全力和他們對打了。

他們的年齡相互間隔在三到四歲。每個小孩到了適當的年齡，我必須重複以上所講的，讓每個孩子學好籃球的基本動作，「三個小孩」的意思是我必須重複做三次。也從一對一開始，老二因年紀太小，會坐在旁邊看；打到一對二，老三因年紀太小，也是坐在旁邊看；等到老三也會某些基本動

作時，有一段很短時間是打一對三；然後再打到二對二。這過程需要好幾年，也是長期的。

觀察孩子的特質，加以發揚光大

幾十年看 NBA 球賽的結果，加上自己也打籃球，會注意一些籃球動作的細節，也會注意退役籃球明星當播報員的評論，有些細節小孩是無法理解的。當時 NBA 球員以左手投籃的不多，也因此讓防守者防不勝防，占了些便宜。

書豪天生是右手投籃，後來看到書緯是用左手投籃（書雅也是用左手投籃），默默觀察一段時間，確認書緯天生是左手投籃，喜上眉梢。為了在心理上不影響書緯，我連我的太太和書雅、書豪都沒提起這事，為了讓書緯以他天生的本能，來決定那隻手是他主要投籃的手。過了一段時間，才讓全家知道。到現在，深覺得當時的做法是對的，也成為書緯後來立足臺灣職業籃壇的長處之一。

以身示範，和孩子互相對打

上面提到練習打籃球，最好是有人對打，這是我當初自己練習所沒有的條件，以致於讓我領悟到，當我帶著小孩一起打籃球，我必須和我的小孩互相對打。因為大人比小孩高

▲ 書緯的左手運球，由於異於常人，不論切入還是投籃，讓不熟悉的對手往往措手不
及，成為他的一大特色，也讓他在球場上獲益不少，這就是父母親注意孩子優點的
重要性，給各位父母參考。

大，跳得比較高，速度也比較快，手也比較長，小孩碰到的防守壓力更大，進球得分更難。類似賽跑選手，平常練習，若腳上綁上沙包，長期下來，腳的肌肉會更結實，跑步也會更快。

同樣的，對於打籃球，若挑戰同年級的好手，倒不如挑戰更高年級的好手，來得更有難度、更有競爭性和挑戰性。長期對抗下來，小孩更能體會真正打籃球的實際情況，小孩的球技，也會在不知不覺當中，進步得更快也更扎實；打籃球的基本動作，更會變得行雲流水般的順暢！

所以小孩和同年齡的小孩（不論是白人、黑人或黃種人），在小學或國中階段打籃球，很少有小孩可以贏得過他們。也因此在測試篩選過程中，他們能脫穎而出，有足夠的實力參加校隊和校外業餘組織如 NJB 或 AAU 的球隊。孩子可能不知道為什麼他們打得比較好，也可能認為他們天生就是打得比別人好。其實從五、六歲開始練習基本動作後，加上長期和大人對抗的潛移默化之下，籃球的基本動作已經內化成小孩們身體的本能反射動作了！

記得有一次我下班剛進門時（是老大書雅和老二書豪在小學時期，確實的年份現在也記不得），迎接我的太太馬上

告訴我一件事，看她一副難以置信的表情，我也特別注意聽。

我太太說，「今天在學校裡，有籃球隊練習對抗賽，其中有一隊少了兩位球員，球隊教練看到我們家的兩個孩子在球場玩，但是球隊小孩比我們的老大大兩歲，情急之下，就臨時找他們兩位來代替那兩位缺席的。沒想到全場打下來，打得最好的就是我們兩位公子。事後教練訝異地問：「這兩個孩子年紀這麼小，怎麼籃球打得這麼好，是誰教的？」

聽完之後，我過去抱抱老大和老二。心想，幾年下來的心血總算沒有白費，也感謝我太太，在我和孩子一起打籃球時，她在家辛苦準備晚餐和其他家事，讓我們無後顧之憂。

知難行易到知易行難，再到身體力行

前面提過，當小孩小時，解釋怎麼打籃球，小孩也不是很懂，比較好的方式是帶頭示範給他們看，並且帶他們一起打籃球，這是「**知難行易**」的階段。等小孩長大到了高中、大學或在職業隊時，基本動作已經有某種程度上的基礎，接下來若要加強戰術上的跑位或左右手的動作或其他的得分技巧或調整某些動作等等，就進入了「**知易行難**」的階段。

行家或教練的解釋很容易就明白，這時聘請籃球教練做

書雅小時候和書豪兩個人一起和大他們兩歲以上的籃球校隊一起打球,還打得最好,證明「越級打怪」這件事情對提升打球程度是絕對有幫助的。

短期的指導是值得的,至少讓自己明白某些調整或加強的動作技巧,是否適用於自己。若有適用的,更要常常練習這些需要調整或加強的動作,以致到比賽時,在適當的時機,這些動作會不加思索地變成自己的自然反射動作。譬如職業籃球員在練習三分投籃時,每天需練習投上幾百個或上千個,直到每次投籃的姿勢,手臂和腳的用力,都是一樣,到比賽時瞬間同樣的投籃動作才會出現,這就是「**肌肉記憶**」。畢竟打籃球,是體能運動,不是念書,要身體力行,才會有效果。

　　在打籃球方面,非常謝謝書豪的 AAU 教練 (Jim

Sutter)，高中教練（Peter Diepenbrock）和大學教練（Tommy Amaker），由於他們的指導，書豪的球技也隨著年齡的增長蒸蒸日上。

挫折，是新挑戰的開始

長大成人的他們，打籃球已從興趣演變成熱愛，也從熱愛演變成競賽了。

華裔美國人能加入美國高中校隊，已經很難得。即使進了校隊，能成為先發球員，也是少之又少，更不用說是球隊的主力球員。由於高中校際競賽非常激烈，而且能進入校隊，都是當地的籃球好手。也因此，每所學校的學生也無所不用其極，想盡各種辦法來打擊對方球員的心理。譬如書豪就開始遭遇到對方學校學生，口頭上對華裔的侮辱。他們是想在情緒上打壓對方球員，以致於讓書豪在比賽時分心，他們就更有贏球的機會。所以我教導孩子不要去理會對方口頭上講什麼，只要專注比賽，贏了球，對方也就沒話說了，就把惡意的侮辱，變成正面推動的力量。

從小學到國中，國中到高中、高中到 NCAA（大學）、從 NCAA 再到 NBA，一路是經過篩選而來的。所以能繼續打

籃球的，也由多變少，像金字塔般能打到最後的都是頂尖好手。比如上高中之後，一個學校的校隊只有二十人左右，就是篩選出來的結果，而且有些學生已經開始想 NCAA 了，所以競爭也比較激烈。

勝敗乃兵家常事，世界上沒有一直贏球的球隊，因此如果輸了球，怎麼辦？主要是找出輸球的原因，然後改正，下次就有贏球的機會，千萬不要氣餒。勝敗乃兵家常事，一場球賽的輸贏不算什麼，重要的是有沒有吸取輸球的教訓，改進自己，變得更好。譬如比賽當中，若被對方防守而無法得分，或被對方屢屢得分，防也防不住對方才輸了球，這時就得好好想想，如何增強自己進攻的招術或增強防守對方的能力，才能使自己變得更好。

對任何高手產生好奇心，是最快的學習機會，而且學習必須隨時隨地，把每一次輸球都看成是學習的機會，才會有進步的空間。所以成事並不完全在於有超強的能力，而是在於有能力和意志去學習，把每

▲ 何飛鵬先生所著《自慢》系列套書。
（商周出版提供）

一個挫折，都看成是檢討自己的機會，把每一個進步，都看成是努力的結果，生命就是這樣累積起來的。這是城邦媒體集團發行人何飛鵬先生在他的著作《自慢》系列叢書中所提示的重要成功法則之一，同樣適用在面對比賽輸球時的態度與改進上。

不可能先生之前，則是「小 Iverson」

孩子到了國中階段，我們會讓三兄弟去上在柏拉阿圖（Palo Alto）的中文學校，上課時間是在星期五晚上，上完課後有籃球隊的籃球練習。北加州有華人運動大會，各個中文學校可以組織籃球隊，報名參加一年一度的比賽，大部分是在暑假舉行。

有一年，剛好教練出缺，我自己因為常常帶自己三個小孩打籃球，為了好玩，接下了這個教練缺，也正好有書豪在球隊上。那一年，學校也報名參加華人運動大會的籃球比賽。因為隊上有書豪的關係，球隊過關斬將，橫掃北加州中文學校的籃球隊，最後晉級到冠亞軍總決賽。

對方有一位身高六呎多（180 公分以上）的長人，聽說有一場比賽拿下 100 多分。而且這個球隊，每一關都以壓倒

性的比賽分數擊敗對方,晉級到冠亞軍。比賽時,我只好採用雙人防守這位長人,一路比賽下來,我的球隊也能夠一直保持少許領先。

到剩下最後幾分鐘時,比賽轉為非常激烈,雙方家長為自己小孩的球隊嘶聲吶喊。場內有不少來自北加州,觀看冠亞軍比賽的華人學生和家長們,很多人都不敢相信,我的球隊以一個個子瘦小的林書豪為中心,居然可以和這個強隊周旋到最後。等到倒數兩分鐘,全場觀眾都站起來,只要球一傳到林書豪手上,觀眾就大喊「Iverson、Iverson……」直到球賽結束,拿下冠軍寶座為止。

◀ 2002 年 5 月,擔任柏拉阿圖(Palo Alto)中文學校籃球隊教練的紀念獎牌。

艾倫·艾佛森（Allen Iverson）正是當時正紅的 NBA 超級球星，個子瘦小，但速度很快，拿過 NBA 最有價值球員，帶領 76 人隊進入 NBA 總冠軍決賽，好幾場拿下 40 幾分或 50 幾分。

「不可能先生」誕生了

在華人運動大會拿下籃球比賽冠軍後，林書豪就有了「小 Iverson」的稱號。

自從搬到北加州，我們每星期去的基督徒會堂（CCIC），在北加州有幾個分支教堂（分堂），每個分堂都在不同的地區，以便當地教友聚會和星期天參加禮拜。每年都會舉辦青少年聯合退休會，讓在各分堂的青少年（小學、國中、高中），有機會集中在一起念聖經、聽講道，互相認識交誼和分享。

下午休息時間，各分堂自組籃球隊，參加堂與堂的對抗比賽。我們的堂也組了一隊，所謂的「林家兄弟」自在其中。幾天比賽下來，別的堂都不是我們堂的對手，別的堂都顯得有點氣餒。突然有人提議，其他幾堂合組成一隊，和我們堂對抗，這下可激勵其他幾堂的青少年。但結果還是一樣，幾年下來，我們堂一直維持霸主的地位，直到我們家小孩上大

學。籃球比賽，也成為每年青少年聯合退休會的盛會。

在國三時，書豪念的學校有個傳統，就是男學生的籃球校隊，必須和全校男老師組成的籃球隊比賽。（註：美國的國三，相當於臺灣的國二，因為美國的學校制度是小學有五年級，國中有三年級、高中有四年級。）往年學校的男生籃球校隊都輸給男老師組成的球隊，大概是因為大部分的國中小孩還不到長高期，所以無法和大人對抗。但是有一年例外，就是書豪國三的那一年，居然和男老師組成的籃球隊打成平手，而且最後幾分鐘，球都在書豪手上，在場的全校學生，都為書豪加油。

到了高中一年級球季結束時，在尾牙餐會時，書豪的籃球教練在全隊和全隊的家長面前，對著書豪說：「從來、從來、從來沒有見過一個小孩子，在這個年齡能有這麼出色的籃球技巧。」

高中四年級，眾所周知，書豪帶領校隊，一舉拿下加州第二分區冠軍，幾乎打破所有專家的眼鏡，也打破他就讀的高中十年來的紀錄。也因此，柏拉阿圖（Palo Alto）地方報紙給他一個名稱叫「不可能先生」。高中時期，他在當地已經無人不曉了。

籃球夢想的延續，在這個時候，似乎愈來愈真實了！

▲ 國中時的林書豪，已經有「小 Iverson」的稱號，顯示他
　的天賦慢慢顯露出來了。

【第 12 堂課】高中：決定未來的關鍵期，確認發展

我們的三個小孩，從小拉過小提琴、彈鋼琴、彈吉他、踢足球、打羽毛球、打網球……最終卻都沒有後續。書雅選擇當牙醫，書豪和書緯則選擇當職業籃球員，我們也都全力支持。

無心插柳到夢想成真

以下就以書豪為例，說明他在高中所獲得的巨大成長，如何為日後進入 NBA 奠定堅實的基礎。

書豪他除了參加校隊以外，也參加 NJB 和 AAU 等校外業餘籃球隊。學校開學後，星期一到星期五，會有校際的比賽。但大部分的校際比賽和校外球隊的比賽，都排在週末。NJB

和 AAU 的球季是分開的，NJB 球季和學校的球季是同一時段，AAU 的球季是在暑假。

所以，可以說整年都有籃球比賽。特別是校外球隊的比賽，不見得會在當地，也因此我們常常須載小孩到各地去參加比賽，譬如到洛杉磯（Los Angeles）、聖地牙哥（San Diego）、沙加緬度（Sacramento）、雷諾（Reno）、棕櫚泉（Palm Spring）……等地。

若晉級到 AAU 的全國性比賽，比賽場地可能是在別州，我們曾經到過佛羅里達州的墨爾本（Melbourne，不是澳洲的那一個）、維吉尼亞州的維吉尼亞海灘市（Virginia Beach），內華達州的拉斯維加斯（Las Vegas）、夏威夷（Hawaii）……等地。

參加了 AAU 高中年級的全國性比賽，才了解到美國籃球水準有多高，這也是為什麼美國各大學球探，每年都必須來觀看比賽，否則就很可能無法物色到他們未來在 NCAA 需要的人才的原因了。

小孩除了參加這些比賽，我們也常常一起看 NBA。而我自己在「三月瘋狂」期間，也會看 NCAA64 強比賽到最後全國冠軍出爐。記得書豪在高中某年級時，我正全神貫注

觀看 NCAA 冠軍賽，雙方啦啦隊聲嘶力竭地加油，室內球場震耳欲聾，為自己的學校加油。書豪剛進門，看到我看得津津有味，馬上過來坐在我身邊一起觀看。

突然間，我心血來潮，對他說了這麼一句話：「**希望將來有一天，爸爸可以看到你出現在全國的電視上。**」書豪居然用堅定的眼神看著我回答說：「**爸爸，我一定會的**」。

沒想到書豪在哈佛大學四年級時，全國電視轉播哈佛大學對抗 NCAA 強隊康乃狄克大學後，由於書豪表現非常好，受到 NBA 球探的注意。賽後 ESPN 資深記者（Dana O'Neil）跟書豪要了我的電話號碼，電話訪問我大概兩個鐘頭，寫了篇文章發表在 ESPN.COM。這篇文章的標題是〈逐夢的傳承〉，就是講述我們父子兩代人的築籃球夢而踏實的故事。這篇報導令我非常感動，更感謝 Dana O'Neil 的厚愛。

這也讓我回想到當初帶孩子們學習打籃球和一起打籃球的初衷是培養孩子們的運動習慣，希望孩子們的功課和運動並重，並沒有培養他們成為職業籃球員的想法。後來慢慢意識到，運動是美國文化的主流，加上書豪在籃球上愈打愈出色，腦海裡才有這麼一個念頭：「希望將來有一天，我可以看到他出現在全國的電視上」。

　　書豪終於在全國電視上出現了，是在哈佛大學就讀時，當時也正思考著書豪有沒有可能進入 NBA。所以我最後很感慨地對 Ms. Dana O'Neil 說：「小孩慢慢長大了，我從來沒有想過書豪在大學裡打籃球或成為職業籃球員。我只是很享受看他的比賽，也因他感到驕傲，也為他高興。我告訴他我的夢想成真了。」

　　三個孩子長大後，各自追求他們心目中的事業，老大書雅成為牙醫師，老么書緯成為臺灣的職業籃球員。我和太太這些年來培養小孩的辛苦，總算沒有白費，雖然過程中有歡樂也有惆悵，但是這些付出的代價證明是非常值得的。在華裔家庭裡要出一位職業籃球運動員已經難以想像，更別說同時出了兩位。

　　在 2017 年初，我們全家接受了 Mr. Alex Wong 的訪問，最後寫成文章於同年 6 月 21 日在《紐約客雜誌》（The New Yorker）發表，標題是〈書緯，書豪的弟弟追求他的籃球夢〉。文中記者問我的感想是什麼，我說：「我對籃球的熱愛，影響了也傳承給我的小孩，成就了兩位小孩成為職業籃球員，這些都是神的恩典，是神自始至終不厭倦地照顧我們全家。」

智慧也跟著成長，籃球天賦展露無遺

　　書豪打籃球的天賦和本能在高中階段盡顯出來，在球場上他似乎能得心應手。在高一菜鳥隊球季結束後，馬上被調往高中正式校隊參加季後賽，這對籃球員是一種榮譽，但也讓書豪表現出心高氣傲的態度，對球隊的練習漫不經心，有時還會頂撞教練。

　　直到他的腳受到重大傷害那年，讓他的態度和想法整個大翻轉，成為他籃球生涯的轉振點。那次的受傷極為嚴重，甚至可能使得他的籃球生涯就此結束，終生無法再打籃球。感謝神，受傷的打擊反而逼著他只能坐在板凳上看著自己的球隊在季後賽陷入困境而無能為力，也因而突然間好像神給他一道亮光，讓他意識到整件事是關係到比他個人還更重大的事，因個人受傷只影響到自己，若影響到整個球隊和學校就茲事體大。他的學習態度開始改變，比賽時也不再任性而為，他變成更體恤他人的好球員，更照顧他的隊員，成為更好的領袖。

　　到了高中最後一年，書豪長高到 6 尺 1 吋（約 186 公分），體重有 170 磅（約 77 公斤）。除了體型的增長，他也儼然成為球隊的領袖。他很清楚地告訴整個球隊，那一年他的最終

目標是拿下加州冠軍。同一年，球隊有機會得到一位高個子的轉學生，是打中鋒，若想拿加州冠軍的話，剛好可以補救目前球隊的不足。

但書豪告訴教練：「當然有幫助，但會有一位老隊友失去先發的位置，若要贏就用原班人馬。」未來面對的對手還不知道是何方神聖，才高中生的他，能有如此見識，懂得照顧隊友，他的體貼成熟令人欣慰。

除了練球更加認真之外，在其他方面也展現了他的特質。

▲ 全家和書豪在柏拉阿圖高中（Palo Alto High School）的籃球場合影。這時書豪已經長高超過 6 尺 1 吋（約 186 公分），體重有 170 磅（約 77 公斤）了。

他了解到他對球隊最有貢獻和價值的地方是在組織和指揮全隊的進攻，幫助隊友創造機會。他不需要一直自己得分，而是需要有智慧地和團隊一起合作，然後打出好成績，共享榮耀。那一年他不僅成為球隊的領袖，更是掌控整個比賽的靈魂人物，也成就了一件比他個人更大的事——全隊拿下加州冠軍。這讓我想到新約聖經的一段話：

耶穌的智慧和身量〔身量或做年紀〕，並神和人喜愛他的心，都一齊增長。（路加福音 2：52）

父母教育培養小孩，也應當很有耐心，不厭其煩，讓小孩有時間在智慧和年齡上同時成長，才能成為人見人愛的好孩子。

林來瘋的前奏叫「不可能先生」

2012 年 1 月 23 日，書豪從發展聯盟回來後兩星期變成當時 NBA 最火熱的籃球明星，令人難以置信，兩個星期可讓人進步到另一等級的球員嗎？當然不是，我們看看柯比‧布萊恩（Kobe Bryant）的回答就知道了。

2012 年 2 月 10 日，正值林來瘋期間，尼克隊擊敗湖人隊的比賽後，記者訪問 NBA 超級球星柯比‧布萊恩時，他有點

意氣用事地說：「當一個球員打得那麼好時，不會是他突然間不知從那裡冒出來的。大家都以為他是半路殺出的程咬金，省省吧，回去好好看看他以前的影片，他的球技可能一開始就已經在那裡了，只是我們沒有注意到吧！」這正是最精闢的回答——天底下沒有不勞而獲的事情。書豪為了這個成果，已經準備了 23 年！

話再說回來，若問從高中就認識書豪的人，就知道他不是突然間冒出來的。這正如奧運每四年舉辦一次，以花式溜冰來說，參加的選手在四年、八年或十二年的準備和練習，最後是在幾分鐘之內的表演來決定勝負，勝利絕對不是突然而來的。

書豪的高中教練 Peter Diepenbrock 說：「每一次比賽在關鍵時刻，書豪總是很神奇地可以讓自己或他的隊友投進致勝的一球。」最突出的例子是在 2006 年，他高中最後一年，對抗南加州冠軍隊梅特迪（Mater Dei）學院，爭奪全加州的冠軍比賽。

梅特迪學院有明星球員 Taylor King（6 尺 7 吋，大約 201 公分），每場平均可拿 26 分；還有中鋒 Alex Jacobson（7 尺 1 吋，大約 216 公分），以及 8 位最少 6 尺 7 吋（大

約 201 公分）的球員，並在過去 11 年拿過 7 次加州冠軍；同時，該校在全美國高中籃球隊排名第 6 位，這屆至少有 4 名球員有望進入 NCAA 高階大學就讀，絕對是標準的超級勁旅。這感覺根本就是「大衛對決歌利亞」了！然而，柏拉阿圖就在書豪帶領下，完成了不可思議的逆襲，跌破眾人眼鏡地擊敗了梅特迪學院。

2006 年 3 月 17 日，加州冠軍賽最後 30 秒，柏拉阿圖（Palo Alto）領先 2 分，書豪閃過對方明星球員 Taylor King，突破進入禁區上籃得分，這一擊讓對方回天乏術，最後以 51 比 47 贏得加州冠軍。此場比賽書豪拿了 17 分，8 個籃板，並投進決勝關鍵的兩顆球。

隔天，也就是 2006 年 3 月 18 日，柏拉阿圖（Palo Alto）地方報紙連續兩期書豪為封面人物，標題是「不可能先生（Mr. Improbable）」。該場比賽後來被 ESPN 評為，該年度高中比賽弱勝強中最令人難以置信的比賽中，是全美 Top1 的逆轉勝。

這就是書豪的實力！

▲ 柏拉阿圖高中陳列林書豪帶領籃球校隊拿下 2016 年全加州第二
　分區冠軍，展示全隊的隊員、教練照片和獎杯。

【第 13 堂課】大學：穩定發展，比肩選秀會首輪球員

　　書豪打球的相關數據其實完全不輸給選秀會首輪的球員，但是因為某些我們也不理解的因素，讓他一開始暫時被埋沒了。

比美 NBA 頂級控衛

　　2010 年 5 月 13 日，EdWeiland 說：「2010 年 NBA 的控球後衛選秀，最可能的黑馬人選就是林書豪，因為他的這兩項數據：兩分投籃命中率是 5 成 98 和 RSB40 是 9.7，都可以比肩一分錢哈達威（Penny Hardaway）、史提夫·法蘭西斯（Steve Francis）、手套裴頓（Gary Payton）、艾倫·艾佛森（Allen Iverson）、傑森·基德（Jason Kidd）、拉賈·蘭多（Rajon Rondo）、葛雷格·葛蘭特（Greg

Jeremy Lin
Freshman • Guard

Harvard vs. Sacred Heart
Wednesday, December 20, 2006
Lavietes Pavilion

Cambridge
Trust
Company

▲ 書豪在哈佛大學的海報。2006 年 12 月 20 日，哈佛大學對陣 Sacred
Heart 的海報，拍攝下來以作留念。

Grant）、喬治・希爾（George Hill）、安卓・米勒（Andre Miller）……等一大票當時和過去的 NBA 頂級控衛在 NCAA D1 聯盟時的數據，採用這兩項數據是因為它們最能顯示球員在進攻端和防守端的運動能力。」

另外一份數據則顯示，2010 年，林書豪哈佛大學四年級在長春藤聯盟的數據為：得分第二（18.6），籃板第十（5.3），投籃命中率第五（51.6%），助攻第三（4.6），抄球（搶斷）第二（2.4），火鍋（蓋帽）第六（1.2）。

遇強則強

2010 年 5 月 13 日，艾迪・韋藍德（Ed Weiland）說：「不僅如此，對抗 NCAA D1 的頂級聯盟的康乃狄克大學（UConn）、波士頓學院（Boston College）、喬治城大學（George town）等三個頂級球隊，三場比賽平均每場他可

林爸爸籃球小教室

RSB40 是甚麼？

RSB40 是一項綜合**籃板**（Rebound）、**抄球**（Steal）和**火鍋**（Blockshot）等三個部份的數據顯示，以三個英文字的首字字母命名，並以業餘籃球每一場 40 分鐘為單位的加總數據，用以顯示球員的防守能力。在這裡書豪每一場比賽的三項加總的數值為 9.7，屬於頂級控衛的水準。

書豪哈佛大學畢業那年受邀
參加樸茨茅斯籃球邀請賽。
此邀請賽的目的是讓應屆大
學畢業生，有機會再次展現
籃球天份，希望還有機會進
入職業籃球的領域。

得 23.3 分，投籃命中率是 6 成 3。通常較弱的長春藤聯盟的
球員，在對抗頂級聯盟的頂級球隊時，這兩項數據會下降很
多。但是書豪的表現，非但沒有下降，反而更上一層樓，展
現出他是遇強則強，競爭心和競爭力道非常強勁的球員。」

　　2009 年 12 月 6 日，哈佛對康乃狄克大學（全國排名第
十三），林書豪得 30 分，9 個籃板，3 個助攻，2 個火鍋（蓋
帽），3 個抄球（搶斷）。這絕對是頂級球員的數據。

超越種族的偏見和顛覆傳統的見解

2010 年 3 月 7 日和 5 月 13 日，艾迪·韋藍德說：「這兩項數據顯示林書豪是 NBA 控球後衛的不二人選，可能進入第一輪選秀，對我來說，他是一頭睡獅，就像喬治·希爾（George Hill）。數據更顯示，甚至他有能力擔任控球後衛和得分後衛雙重位置。雖然他是在最弱的長春藤聯盟，若他擔任控球後衛時，可以降低傳球失誤的比率，提高外線三分球的命中率，他可以擔任 NBA 的先發控衛，可能成為 NBA 的明星球員。在 NBA 選秀會上，我對他能力的評估可能是和其他所有籃球專家對他能力評估落差最多的一位。」

▲ 在樸茨茅斯籃球邀請賽後，三兄弟在餐廳用餐時快樂合影。

林爸爸籃球小教室

提早兩年知道林來瘋的人

就是這位艾迪·韋藍德（Ed Weiland）。他從籃球分析網站「Hoops Analyst」中根據長期的觀察，神準預測了林書豪絕對有資格登上 NBA，甚至看好他能大放異彩。

大家有興趣可以參考以下文章：https://reurl.cc/8jEGA7

三兄弟打球成長史

▲ 上圖是書緯參加柏拉阿圖初中的 NJB（Palo Alto NJB）籃球隊，得獎後全家合影。
　下圖則是書緯（前排左一）和全隊的合影。

▲ 書緯（背號 22）和書豪（背號 4），各自加入柏拉阿圖高中籃球校隊時的球衣。

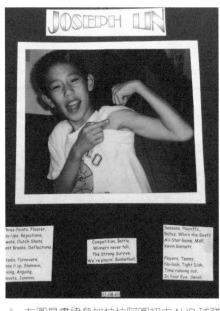

▲ 左圖是書緯參加柏拉阿圖初中 NJB 球隊時的照片和勵志標語。右圖是柏拉阿圖高中籃球校隊拿下全加州第二分區冠軍後，該校陳列書豪畫像的情形。

▲ 書雅（前排左一）參加華人 Silicon Valley 的籃球隊。

▲ 書雅和穿著球衣的書緯合影。

▲ 調皮的書豪從打開的門縫往外看的樣子，
有如凝視著人生的方向一般。

2006 State Champions
Basketball
—
Jeremy Lin
Brad Lehman
Steven Brown
Cooper Miller
Kheaton Scott
Kevin Trimble
Jonny Palmer
Josh Benne
Adam Wande
Brook Seama
Brian Karvela

Coached
Peter Diepenbroc
Bob Roc

▲ 書豪的畫像和全隊隊員的名字掛在柏拉阿圖（PaloAlto）高中室內體育館內，這是高中
學校對球員認可的高尚榮譽，我也非常驕傲地和書豪的照相一起合影留

Part 4

奮鬥篇 2
飛龍在天

時機成熟，林來瘋席捲全球

柯比說：
「這是一個偉大的故事，一個透過自己的努力，
堅持不懈，全力以赴，實現奇蹟的例子，
他成為全世界年輕人的最佳見證。」

【第 14 堂課】
從幽谷邁向頂峰

話說在林來瘋之前，因為書豪當時先後被勇士隊和火箭隊裁了。2011 年 12 月 26 日（聖誕節的次日）書豪輾轉到了紐約尼克隊。在尼克隊的前幾個星期，也沒有上場的機會。

充滿不確定的未來：黎明前總是最黑暗

2011 年正是 NBA 勞資雙方重啟談判的一年，上次發生是在 2005 年。由於雙方到 2011 年 12 月 8 日才談攏，整個 NBA 的賽季從 2011 年 11 月 1 日延到 2011 年 12 月 25 日（聖誕節）才開始。整個賽季每隊的比賽場數則從 82 場減少到 66 場，也就是說，2011 至 2012 年的 NBA 賽季縮短了將近兩個月左右的時間。

轉到尼克隊的書豪，由於苦無機會上場，因此在 2012 年 1 月 17 日被下放到緬因州（Maine）的發展聯盟伊利灣鷹（Erie BayHawks）隊，這是他在 NBA 生涯中第四次被下放到發展聯盟。

　　我和太太開車從紐約到緬因州和書豪會合，緬因州是美國龍蝦出名的產地。抵達時間是中午時刻，天冷滿地都是雪，倉促停了車，吃了龍蝦漢堡，也看了餐廳附近的龍蝦池。但心情上總是放不開，擔心書豪，有一股悶悶不樂壓抑在心頭的感覺，還是想要儘快趕回書豪住的旅館，看看他心情怎麼樣了！

　　在開車到旅館途中，不禁想起書豪 NBA 第一年在勇士隊（2010-2011 年球季），三次被下放到內華達州的雷諾（Reno）的發展聯盟 Bighorns 隊的情景。那時我們也是從柏拉阿圖經 80 號公路開車到雷諾，需越過滑雪聖地太浩湖（Tahoe）附近的高山。來回三次都是在冬天，每次都需上雪鏈，上下坡都必須放慢開車的速度，全神貫注才行。當時的心情也都是忐忑不安，我和太太也是一路陪著他，安慰他，盡量讓他放鬆心情。

　　書豪在緬因州的第一場比賽，是 2012 年 1 月 20 日在該

州的波特蘭（Portland，不是俄勒岡州的波特蘭）。書豪職業籃球生涯的第一次大三元（28 分、12 助攻和 11 籃板）就出現在這一場比賽。更令人驚喜的是，同時在這場比賽當中，也碰到幾位書豪在哈佛大學的粉絲，竟然也特地從遠處開車來到這裡看他比賽。心想著冬天這麼冷，大老遠開車來這裡看自己的偶像，真是不容易，還好書豪的表現也沒讓他們失望，抖擻的晚上頓時也倍感溫馨，對書豪和我們更是一種安慰和鼓勵。就算為了這幾位粉絲，書豪也應該好好打球，不能放棄。

　　不過就在這個月下旬，尼克隊幾位控球後衛陸續傳出傷兵狀況後，尼克隊在 2012 年 1 月 23 日從發展聯盟馬上召書豪回紐約，當時他在尼克隊是排第四的控球後衛。那時球隊已經進入關鍵時刻，球隊的經理層、教練團隊和每位球員，在戰績不好和紐約球迷的強烈期待下，都承受極大的壓力，他們需要贏球。因為尼克隊在 2012 年 2 月 4 日之前的 23 場比賽，只贏了 8 場，以當時的情況來看，是不可能晉級季後賽的。

　　主場比賽（home game）是在紐約麥迪遜花園廣場（Madison Square Garden）舉行，號稱是全世界的舞台，

我們會坐地鐵到麥迪遜花園廣場觀看現場比賽。客場比賽是在別的城市舉行，我們留在紐約會找一間有轉播球賽的運動酒吧（sports bar）和朋友一起用餐，同時觀看球賽。

當時我們住在紐約市大兒子書雅的家，在曼哈頓（Manhattan）紐約大學（NYU）附近，書豪（家中排行第二）有時就睡在哥哥家的沙發上，不敢租房子，主要是因為籃球生涯的不確定性和沒有安全感。

仰賴天父擁有前進力量：暴風雪中的平靜

正值前途茫茫之際，想起書豪進 NBA 第一年在勇士隊（2010 至 2011 年球季），三次被調到發展聯盟，心情很沈重。每天他會利用空閒時間，讀聖經、靈修、禱告，希望從讀聖經的話語中，得到啟示和鼓勵。在這籃球生涯最低潮時，他學會了倚靠信仰、謙卑自己，盡他最大的努力，在球場上打球，結果如何就交給上帝。

記得在第三次被下放到發展聯盟，最後一場主場在雷諾的比賽結束後，球隊需移師到別的城市比賽。我和我小兒子書緯回北加州的家（太太剛好有事沒有隨行），需從雷諾由 80 號公路開車越過滑雪聖地太浩附近的高山，才能回家。時

值冬天下雪，需上雪鏈，才能上下坡，沒想到居然碰到我生平最大的暴風雪。

最後一場主場比賽完後已經很晚了，隔天一早從雷諾開車回家，沿路下著茫茫的白雪，道路和兩旁的高山一片雪白。快到太浩附近山上的最高點，80號公路因暴風雪太大，被警察封住了，只好折回雷諾，待在旅館的客廳，躊躇著那天晚上是否需訂房間過夜。

到了下午，上網看到80號公路開放單線通車，歸心似箭，我們趕緊上車開回家。沿途上坡，到了上雪鏈的地點，還算順利。誰知道繼續往前開，雪愈下愈大，風也愈來愈急也愈冷，天色也愈來愈黑。快到最高點，幾條車道開始合併到最後剩下一條車道，同時也開始要下坡了。

下坡的單線道上結了厚厚一層冰，車是開在冰上的，和前面的車需保持一段距離，車速也不能太快，否則容易造成車滑撞上前面的車，而且我開的是重型休旅車，更需小心謹慎保持較大的距離。大黑夜裡，在有限的能見度下，眼看車窗外，由於車燈的照射，天空中佈滿著大塊白色雪花，密密麻麻的被強風吹得急速而下，有如劍雨似的。單線通車道兩旁，由於不斷下雪，堆積著兩排高至車頂的雪牆，一排長長

的車輛在下坡路上蜿蜒而下。

　　我神經緊繃、全神貫注地開車，坐在旁邊的書緯卻已呼呼大睡（那時他高中剛畢業），心想著生平沒遇過這麼大的暴風雪，必須極度小心，希望不要出意外，平安帶小兒子回家，這大概是為人父在那個時刻最優先考慮的事情。但若暴風雪力道再更加強大，我當父親的有能力平安帶小兒子回家嗎？

　　一面小心翼翼地開車，一面心裡問著自己，又想到書豪目前的困境，回想當初他們才五、六歲時，我就帶他們一起打籃球直到他們長大，這一路走來到底是對還是不對？又想著若不帶他們打籃球，是不是就不會有目前的困境？車窗外因下大雪看得不是很清楚，車內的我思潮起伏，想到書豪必須自己經歷和克服目前在 NBA 的困境，不禁眼眶也跟著模糊起來。到底身為父親的自己也是能力有限，真的感覺到力不從心，只有仰賴天上的父親了！這時想到這一段經文：

　　我雖然行過死蔭的幽谷，也不怕遭害，因為你與我同在；你的杖，你的竿，都安慰我。（聖經詩篇 23：4）

　　當前的景況雖還不至於是死蔭的幽谷，但也蠻類似的，也是極端的困難，還好可以仰賴天父，想到這裡，心裡也就

比較平靜。

不知不覺中開到了平地，拆下雪鏈，這時書緯剛醒來，前一段下坡的險境，他渾然不知。黑夜裡，我回頭一看這下坡的路，一條密密麻麻的車燈彎彎曲曲地延伸到天邊，和李白的〈將進酒〉裡提到的「黃河之水天上來」有異曲同工之妙地相似，更令這一段驚險路程添上了許多奇幻味道，感覺和人生路好像！

因為這段路平常白天天氣好時，只需開半小時就到平地，今天開了大約兩個半小時才到平地，而且前面有車，後面也有。雖然筋疲力盡，但所幸下一段回北加州灣區的路程是平地，總算能夠安全抵達。

我們的人生也是這樣吧——時時刻刻小心，由天父引導，就能平安抵達。

【第 15 堂課】當 ZERO 變成 HERO 的那個晚上

2012 年 2 月 4 日，書豪的比賽是出戰紐澤西籃網隊，當天紐約市很冷。我們坐地鐵來到麥迪遜花園廣場球員家屬的會客室，家人圍了一桌用餐，許久的沈默顯得心情相當沈重。因為已經聽説，若今天這場比賽又輸了，教練可能「走路」，書豪也可能也是最後一天留在紐約尼克隊。

創造林來瘋的第一場比賽

以下是我比較詳細描述當時看到的場景，因為它掀開了震驚全世界的林來瘋（當時還沒有這個名詞）的序幕。

這場比賽書豪是以替補身分上場。

第一節（每節有 12 分鐘）剩下 3 分 35 秒時教練派他進場，當時比數是 16：20 落後 4 分。

到了第二節，書豪打滿整節，有 2 次衝到禁區帶球上籃，1 次抄截導致快攻，2 次擋拆，1 個拋球，4 個籃板。第二節比賽結束時，比數是 46：48 落後 2 分。

　　半場休息後，到了第三節剩下 8 分 15 時，教練派他進場，當時比數是 52：54 落後 2 分，書豪來了一次擋拆和兩次禁區上籃，這時觀眾席已經有人開始喊著「林書豪」為他加油，第三節比賽結束時比數是 70：72，還落後 2 分。

　　到了決勝關鍵的第四節，教練決定整節留他在場上，負責組織整隊的控球和進攻，先後他的 2 次中距離跳投加上 2 次助攻，到剩下 5 分 53 秒時比數來到 82：82，雙方呈現拉鋸戰。

　　接下來是書豪關鍵的 3 次突破禁區上籃，奠定了此戰的勝利（剩下 4 分 43 秒的禁區突破上籃，把比數拉開到 86：82，領先 4 分，觀眾席也大喊林書豪；剩下 2 分 3 秒的時候再次禁區上籃，把比數拉開到 95：86，觀眾都站起來為他加油；剩下 1 分 34 秒的再次禁區上籃把比數拉開到 97：86）。

　　這時籃網隊已感到回天乏術了，整場觀眾（不分種族）都瘋狂地站了起來喊著「林書豪！林書豪！」久久不停，同時也看到觀眾席有人高舉「J-Lin」的招牌。

最後比賽結束，尼克隊以 99：92 擊敗籃網隊。全場觀眾，還包括尼克隊的球員、教練團隊和經理層都陷入瘋狂而雀躍不已，不敢相信眼前看到的書豪英雄似的率領全隊，帶來了久違的勝利，真是久旱臨甘霖。

這場比賽書豪創下在 NBA 生涯單場上場的新高 36 分鐘，並且和聯盟的全明星後衛威廉斯（Deron Williams）對陣，拿下 25 分、7 助攻和 5 籃板，都是生涯的新高。

▲ 2012 年 2 月 4 日，對戰紐澤西籃網隊的書豪，替補上陣 36 分鐘，斬獲 25 分、7 助攻和 5 籃板，帶隊逆轉勝，從此開啟了風靡全球的「林來瘋」時期。

在全世界的舞台──紐約麥迪遜花園廣場，光芒蓋過三位 NBA 超級球星，觀眾高喊「林書豪」的聲浪下，開啟了震驚全世界的「林來瘋」，那時林來瘋的英文名字「Linsanity」還沒有出現。

比賽後，場邊記者訪問這位來自哈佛的英雄（電視播報記者這麼稱書豪的）時，全場觀眾大都興奮地站著久不離席，高喊著「林書豪，林書豪……。」書豪身體顯得疲憊但精神抖擻說：「今天這場比賽算是生涯中最重要的一場比賽，謝謝上帝給我這個機會，可以在這支球隊和這個球團裡打球，也謝謝球隊的先發球員，在這三天三場比賽中，雖然體力透支但奮戰不懈，進攻籃框時，總是想辦法給對方的防守製造壓力，防守對方的進攻時，全隊總能合作無間，互相補防，才能贏得今天的勝利。」

賽後我們回到家屬會客室等他，當他進入會客室的門時，遠遠看著他面帶微笑，朝向我們坐的餐桌走了過來，大家也都起來一一和他熊抱了一下，我和他還來個拳對拳的敲擊手勢，相對微笑了一下，大概是一切盡在不言中吧。這代表了這幾個月，我們陪著他、看到他籃球生涯的波折，心裡上沈重的負擔，前程何去何從的擔憂，覺得今天球團應該會給他

有個交代吧？

之後大家一起離開麥迪遜花園廣場到外面餐廳用餐，路途中他說：「球團應該不會把我裁掉吧！」我忘了過了多久以後，才得知他親口對記者說，這場比賽後，他回到更衣室淋浴時，淋浴時的溫水和淚水一起從身上流下，它代表著皇天不負苦心人的掙扎奮鬥和成功喜悅的淚水，也代表著這是他人生的轉捩點。

第二場以後，和「林來瘋」這個暱稱的出現

大戰籃網之後，當時一度位置不保的尼克隊總教練丹東尼（Mike D'Anton），兩天後（2012 年 2 月 6 日）的尼克隊與爵士隊之戰，決定讓書豪生涯首次以先發控衛身分上場。而書豪也不負眾望拿下 28 分和 8 助攻，幫助尼克隊擊敗爵士隊，奠定自己在球隊的地位，並再次吸引美國媒體的關注。

而麥迪遜花園廣場內，此後也陸續出現了幾種和「Lin」有關的看板加油詞句，譬如 Lintendo（林天堂，意指林書豪有如任天堂裡面出來的神奇角色一般，可以大殺四方）、EmperorLin（林皇帝，意指有如皇帝一般統治 NBA）、Linderella（林杜瑞拉，意指林書豪的經歷有如灰姑娘般神

奇）、Linforthewin（林贏家）、Madison Square Garden-Lin、MVP-Lin、The Yellow Mamba（黃曼巴，因為柯比的綽號是一種劇毒的毒蛇「黑曼巴」，形容柯比百步穿楊，絕殺比賽和對手的能力有如黑曼巴蛇一樣迅捷、無情，黃曼巴則是稱讚林書豪已經有成為柯比一般的巨星潛質）、Lin-Possible（林可能，意指有林書豪在，什麼奇蹟都可能發生）、Jeremy Lin Show、VaLINtine（林瘋情，即「瘋狂」和「情感」的組合，意指林書豪在比賽中爆發的激情和情感）……等等。

其中包括了第一次出現而且最具代表性的「Linsanity」（林來瘋），就是將「Lin（林書豪）」和「Insanity（瘋狂）」合而為一的合體字，從有了英文字「Linsanity」之後，才翻譯過來的。當時萬萬沒想到，Linsanity 後來變成林書豪在未來兩個星期內，在 NBA 籃壇裡掀起的浪潮瞬間變成海嘯，從紐約襲捲到全美國，最後到全世界的代名詞。

有得有失，回到 opengym 打籃球，已經不一樣了

書豪在 2012 年掀起林來瘋之後，他說他很懷念當初我們在星期天晚上，大家無拘無束地一起打籃球，沒有壓力又好

玩，現在打籃球，是職業是事業，心境完全不同。

2012 年 NBA 球季結束後，回到家裡，休息了幾天。到了第一個星期天晚上，他迫不急待地想去以前大家一起打籃球的體育館重溫舊夢。事先，教會弟兄姊妹已經得到消息：「書豪這星期天晚上會去 opengym。」我和書豪、書緯，一進體育館，打籃球的球迷一湧而上，每個人都要和他拍照，過了一陣子，好不容易大家安靜下來，組隊打球對抗。陸陸續續地，人愈來愈多，家長帶著小孩，圍繞在球場旁邊，像在觀賞明星的表演。

這是他最後一次，出現在教會球友的 opengym，這也是成名後的代價。因為他不希望因他的出現，給大家帶來不必要的不方便。

【第 16 堂課】
全世界都林來瘋

　　當年先祖林敬從唐山到臺灣，三百年後，台語不靈光的後代子孫林書豪，哈佛大學經濟系畢業、美籍華人、身高 191 公分，在美國 NBA 引發一場超完美風暴，暴風半徑持續擴大，威力逐步增強，這的確是只有高中即被稱為「不可能先生」林書豪，才可能完成的不可能任務。

林來瘋狂襲，全美陷入瘋狂

第三場先發比賽：擊敗柯比和湖人隊

　　接下來在 2012 年 2 月 10 日生涯第三場先發的比賽中，於主場麥迪遜花園廣場對決由超級巨星柯比‧布萊恩（Kobe Bryant）所率領的西區勁旅洛杉磯湖人隊（LA Lakers）。一

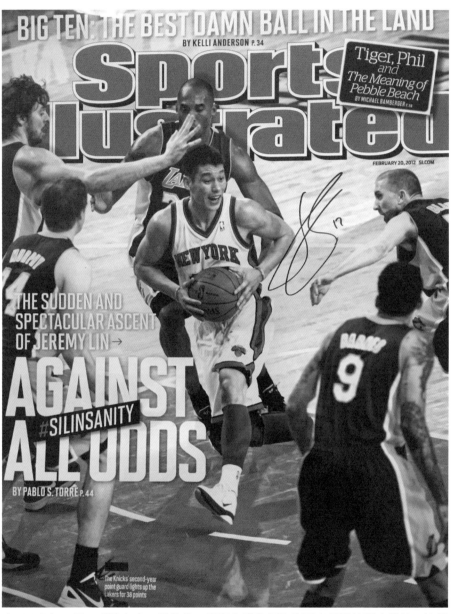

▲ 2012 年 2 月，「林來瘋」開啟後，書豪在擊敗柯比和賈索領導的湖人隊後，連續
兩期登上世界知名的《運動畫刊》(Sports Illustrated) 的封面 (上有林書豪的簽名)，
讓身為父親的我與有榮焉。

般人以為碰到如此強勁的對手，很難上演如前幾場的精彩表現，也可能中斷林來瘋以來的三連勝。在全國電視的轉播下，出乎人意料之外，該場比賽書豪更上一層樓，拿下生涯新高的 38 分，表現更勝拿下 34 分的 NBA 超級巨星柯比·布萊恩。賽後《紐約時報》（New York Times）宣稱，林來瘋傳奇的風暴還在加速地擴大中。

第六場比賽：絕殺暴龍隊

相隔四天後，2012 年 2 月 14 日，書豪率領 5 連勝的尼克隊來到多倫多對陣暴龍隊，那天晚上，球場上是標榜著紀念亞洲傳統之夜，比賽落後到 17 分的情況之下，力挽狂瀾，步步緊追，追到成激烈的拉鋸戰，直到比賽最後 20 秒，兩隊還保持在 87：87 平手。

不過，掌握最後一波球權和進攻的尼克隊將球交到書豪手中，書豪在最後 1 秒砍進致勝的 3 分球，奇蹟般的上演「零秒決殺」，把林來瘋的魅力，推高到接近全美瘋狂史無前例的檔次，最後逆轉當晚戰局，幫助球隊以 90：87 拿下 6 連勝。偌大的球場內歡聲震動，連加拿大人也擁抱和見證了這位新近在 NBA 竄起的球星傳奇，同時書豪自己也是連續 6 場比賽

得分超過 20 分。

最近的 10 戰 8 勝，其中還有一波的 7 連勝，書豪立刻成為全美最受矚目的超級新星，被《時報周刊》（The Time Weekly）譽為是「奇蹟中的奇蹟的奇蹟」。

林來瘋對弟弟和家人的巨大影響

尼克隊對洛杉磯湖人隊和對多倫多暴龍隊的兩場比賽，對當時正在就讀大學一年級的弟弟書緯，有著印象深刻和深遠的影響。在 2017 年 6 月 21 日，書緯（時為臺灣超級籃球聯盟〔SBL〕富邦勇士隊的控球後衛）接受《紐約客》（The New Yorker）雜誌的訪問時，回憶當時看哥哥的這兩場比賽，徹底加速影響到他畢業後繼續追求打籃球的夢想，因而毅然決然立志回到台灣打球，成就了後來的他。

這期間，我們住進紐約法拉盛中國城的岳母家，書豪則入住 W-Hotel，在紐約曼哈頓（Manhattan）的南端，靠近以前的世界貿易中心的雙塔。這期間每天早上在法拉盛中國城買早餐時，在熙來攘往的街道上，可看見幾處的報攤雜誌店裡擺滿了各式各樣的報紙和雜誌，大都以書豪的照片和林來瘋為主題，描寫他掘起的故事和如何過關斬將帶領球隊取

得勝利。身為父親的我，百感交集，自然也總會多買幾份，帶回家收藏。

若是客場比賽，我們會留在紐約，在法拉盛的一家美式連鎖餐廳 Applebees（蘋果蜜餐廳）或從法拉盛中國城坐地鐵到 W-Hotel 附近的運動酒吧和朋友一起吃飯，同時觀看球賽。球賽中，若看到書豪有好球助攻或得分，大家就舉杯恭喜慶祝，整場盡興而歸，堪稱當時的一大盛事。

北加州的朋友也會打電話來告知，收音機和電視台整天播報林書豪的消息，還有多家記者守在住家的附近，期待訪問我們。在臺灣的親友更是歡天喜地說：「若當天有書豪的球賽，好像是全臺灣的節日，大家一清早就起床守在電視前，目睹臺灣豪小子的風采。」

連三期《運動畫刊》封面人物邀約

而林來瘋的影響力也在之後的明星週持續發酵。NBA 官方在 2012 年 2 月 17 日宣布，將為林書豪破格增加新秀挑戰賽（Rising Stars Challenge）名額，由原定的 18 人擴增為 20 人。在新秀挑戰賽中，他與快艇隊的葛瑞芬（Blake Griffin）一度上演空中接力灌籃，樂翻了全場球迷。

2012年2月27日成了《時代》（TIME）雜誌的封面
人物；同時也在2012年2月20日和27日，連續兩週成了《運
動畫刊》（Sports Illustrated）的封面看板人物。記得當
時該刊的記者還當面對我說，若我答應接受他的訪問，接下
來的這星期還是以書豪為封面人物。我心裡想著，這不就是
連續三個星期都以書豪為封面人物了嗎！但喬丹（Michael
Jordan），被評為是NBA籃球聯盟史上第一人，也只有連
續兩個星期上Sports Illustrated的封面。心裡躊躇著，也
就沒答應他的要求，但也可見當時林來瘋威力有多大了！

　　2012年3月24日出戰完活塞隊後，書豪卻因膝蓋疼痛，
經過隊醫的詳細檢查後，被診斷為半月板撕裂，尼克球團也
緊急宣布將讓書豪缺席接下來的比賽。雖然書豪在尼克隊只
先發出賽了25場比賽，林來瘋的影響力也在全球持續發酵。
後來尼克隊進入2011至2012年球季的季後賽，ESPN甚至
這麼評價書豪：「是他一個人獨力撐紐約尼克隊進入季後賽。」
2011至2012年球季結束後，2012年6月底書豪正式成為受
限自由球員，之後書豪自己都沒想到會成為休士頓火箭隊的
一員。

　　2012年6月底有「體壇奧斯卡」之稱的ESPY所公布的

各獎項入圍名單中，書豪入圍了「年度最佳突破運動員」獎（Best Breakthrough Athlete）。2012 年暑期全家回臺灣，目睹粉絲擠爆桃園機場，各大電視台記者在高速公路上追逐書豪的座車，西門町萬人空巷，電視台採訪車包圍了書豪住的旅館，都是為了目睹和採訪他。讓我回想到當年 2 月中旬，正值林來瘋期間，有一場在紐約麥迪遜花園廣場賽後，全家用餐路途中，被狗仔隊追逐座車的景象。

「Linsanity」林來瘋，也在最瘋狂時，被美國百科全書追認為正式的英文字，至今還是讓人津津樂道，回味無窮。

全世界都需要奇蹟，以振奮人心

以當時的全球世道來說，也實在需要「林來瘋」這種「黑馬變成超級英雄」奇蹟般地巨大震撼，所帶來振奮人心的故事，彷彿海嘯般席捲全球，讓當時還深陷歐債危機的人們，能夠轉移焦點、喘口氣，達到鼓舞人心的效果，這也是林來瘋得以風靡全球的重要原因之一。

2012 年，歐債危機危及全球，當時紐約市籠罩在經濟不景氣的情況下，可以感覺到整個城市的氣氛非常低迷。加上 NBA 因為勞資糾紛而封館的事件，嚴重傷害了 NBA 的形象，

人們不滿億萬富翁的球隊老闆和千萬富翁的球員惡鬥，導致封館 161 天（從 2011 年 7 月 1 日到 2011 年 12 月 8 日），枉顧球迷的權益，NBA 需重新贏回觀眾的注意。

林書豪林來瘋（亞裔美國人、非傳統籃球名校出來的球員）的出現，正好給整個紐約城市和 NBA 注入新的活力。街頭巷尾餐廳酒吧，人人都在討論，電視媒體報章雜誌 24 小時都在報導，哈佛大學畢業的林書豪，如何從 NBA 落選，到締造林來瘋傳奇的 NBA 超級球星。尤其電視媒體和報章雜誌，把林書豪描寫成類似天方夜譚的故事，橫空出世奇蹟般地降落在地球上，如何帶領幾乎屢戰屢敗的紐約尼克隊到 7 戰 7 勝。

尼克隊的票價也跟著水漲船高。根據媒體報導，原本一張不到 100 美元的門票，黃牛票在短期內已經喊到 1 萬美元了！這讓原本就已經是 NBA 票價最熱門之一的尼克隊，現在更是一票難求。麥迪遜花園廣場的股票自然也跟著大漲一波，也讓林書豪成為 NBA 最重要的資產之一。

林來瘋現象瞬間由浪潮變成海嘯，從紐約襲捲到全美國、歐洲與非洲，接著再到亞洲，以及華人世界的大陸和臺灣，最終成為全世界街知巷聞的重要事蹟。

【第 17 堂課】
林來瘋狂襲的真正原因

　　作為華人在 NBA 奮鬥成功的例子，很多人都非常好奇與關心，書豪能引起關注和重視的原因為何？關於這個問題，我從父親的角度提供以下幾個觀點，給大家參考：

嚴以律己、勤奮練習

　　他是亞裔美國人、基督徒、哈佛英雄、謙虛的哈佛畢業生（學業和運動兼顧），這是書豪最好見證。在球隊困難的時候，他具備決心，全力以赴；當大家把書豪捧上天時，他還是一樣的謙虛，維持對信仰的虔誠；在大家都不看好他，到了關鍵時刻，他挺身而出，告訴大家如何把事情做好。

　　在工作職場中，書豪代表那些勤勉而謙虛的人們，當他

們獲得在重要場合表現的機會時，是能夠發光發熱的。畢竟多數人都不是超級巨星，但相信如果有機會，或許也會成為可能。

在採訪中，書豪總是提及信仰、家人和隊友，總是感謝隊友的協助、家人的愛護，感謝教練給他機會，最主要的感謝神的安排。

2011 年暑假，他的訓練師 Costello 說：「我對書豪的印象是，嚴以律己，有非常敬業的自我訓練的態度，很平易近人，不像是個 23 歲的孩子。」

柯比則說：「這是一個偉大的故事，一個透過自己的努力，堅持不懈，全力以赴，實現奇蹟的例子，他成為全世界年輕人們的最佳見證。」

打破偏見和根深蒂固的觀念

書豪克服諸多對他不利的偏見和根深蒂固的觀念，以行動證明：「亞裔也可以打 NBA」，而且世界級的明星球員也可以是從世界頂級的大學畢業；運動員不只可以四肢發達，也能夠頭腦聰明。

記得林來瘋的第一場比賽時，麥迪遜花園廣場的現場觀

眾，不論是白人，黑人或亞裔人，全部都站起來一起幫他加油。林來瘋現象已經超越種族和國籍、甚至信仰了，他是虔誠的基督徒而且公開宣講他的信仰，並且讓所有喜愛黑馬的人都熱愛他。

總之，當年「林來瘋」就是天時、地利、人和，再加上運氣，全部集合在一起所捲起的完美風暴。

團隊為主的領袖氣質

當年，書豪給球迷的印象是尼克隊球員間化學反應凝聚的中心和場上的指揮官，球能夠犀利地傳到有空檔的隊友手中，而且利用穿針引線的功夫使他周圍的隊友打得更好。這也是多年來，首次讓球迷覺得去麥迪遜花園廣場看比賽是賞心悅目且值回票價的，因為書豪打籃球賽是不自私且有創意的，還能夠贏球。

阿恩．鄧肯（Arne Duncan，時任美國教育部長）說：「展現他只在乎團隊的贏球勝過個人的表現，這故事告訴大家，不管你是那一種膚色的人，只要你展現你的勇氣，堅持你的原則和良善的品格，你也有機會克服所有對你不利的因素。」

另外，一般人可能會把下放發展聯盟看成是事業上的不

得志，但書豪沒有，反而認為是可以多上場磨練他掌控全隊如何進攻的機會。這顯示出他的個性是：以團隊優先、私人為次的心態，挫折時仍然保持正面的態度和奮發向上的人品，永不放棄，全力以赴，自然帶給團隊極大向心力，願共同奮力一搏！

足夠的上場時間、適合的體系

書豪在勇士隊的第一年，即 2010 至 2011 年球季，隊上有兩位傑出的控球後衛，所以書豪沒有太多上場的機會；同樣在火箭隊也有兩位非常好的控球後衛，若留在火箭隊，也不會有太多上場的時間，足以讓他開花結果。

尼克隊教練麥克‧丹東尼（Mike D'Anton）的進攻體系是依賴聰明的控球後衛和三分射手的跑轟戰術，非常適合書豪。

他面對聯盟頂尖控球後衛一點也不遜色，教練丹東尼的進攻體系被執行得優雅順暢，圍繞在他周圍的後衛、射手、中鋒、小前鋒，都表現得比以前更加出色。

如何繼續找到無數個林書豪之我見

　　每個 NBA 球隊甚至每所大學，都想發掘有天份的球員，為球隊贏球，引進更多的財源和有更大的知名度。以下是從我的角度，總結一些看法，僅供參考和討論。

1. 客觀的數據分析

　　好的數據分析和統計數字，以及電腦模型對球員的評估，可提供一個優良且客觀的參考價值，不只可以超越各種偏見和觀念，也可不受大眾的意見所左右。

2. 現場觀察 1：人格特質

　　籃球專家可以到現場或研究賽事影片，來評估球員對 NCAA D1 頂級聯盟的頂級球隊比賽時的表現，是遇強則強？還是遇強則弱等人格特質。這對來自較弱聯盟的球員，會有比較正確的看法，也才不會有偏見。遇強則強的競爭力，也不容易引入電腦模型或顯示在統計數字上。

3. 現場觀察 2：團隊意識

　　有沒有領袖天份？可不可以讓周圍的隊友打得更出色、而不求個人的表現為優先。這些特質也是不容易引入電腦模

型或顯示在統計數字上，也是需要籃球專家從高中教練，大學教練和隊友上獲得。

　　上列三項是綜合電腦模型、統計數字，和籃球專家對球員的評估，在物色優秀的未來之星的同時，都可以幫助提供非常客觀而且重要的參考價值。

◀ 在火箭隊的書豪，由於戰術、體系和團隊不適合，因此無法發揮實力。

NBA 奮鬥生涯

▶◢ 書豪努力 9 年，歷經發展聯盟的低
谷，和林來瘋的風光無限，以及接
下來的跌宕起伏，終於在 2019 年拿
到夢寐以求的 NBA 總冠軍了。不管
如何，和家人一起分享的喜悅是最
棒的，而我更是自豪地戴起了冠軍
戒指，實現了 40 年前那個台大小伙
子曾經以為不可能實踐的籃球夢！

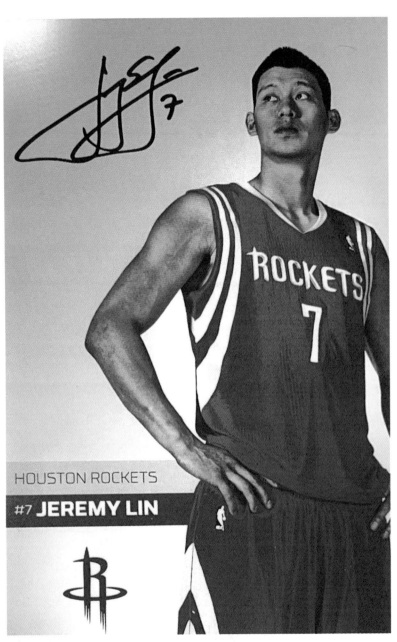

HOUSTON ROCKETS

#7 JEREMY LIN

▲ 雖然書豪在火箭隊的結果不盡如人意，但也曾有過多次團隊合作取勝
的美好經驗。

▲ 上圖則是書豪在紐約布魯克林籃網隊的簽名照片。

▼ 下圖為 2018 年 11 月 23 日，書豪和隊友們在亞特蘭大的中國城進行 NBA 老鷹隊的慈善活動。

Part 5

奮鬥篇 3
未完待續

從美國到兩岸，
書豪書緯如何正向影響華人籃壇

即便有些人對你品頭論足，
也必須保持冷靜，絕對不能因此動怒。
只要贏下比賽，
人們自然尊重你。

　　書豪雖然不得不離開 NBA，但不管是加入大陸的 CBA，
還是加入臺灣 PLG 的鋼鐵人隊，以及現在的國王隊，都依然
秉持堅持不懈的態度，以及百分百的奮戰精神，持續提供 NBA
頂級球星的經驗，為華人籃壇做出最佳示範；同時超越勝負、
快樂打球，希望讓更多人一起打籃球，體會打球的樂趣。

離開 NBA 的書豪

被交易到多倫多暴龍隊

　　2019 年 2 月，書豪從亞特蘭大老鷹隊被交易到多倫多暴
龍隊。當時團隊幾乎每位成員都很贊成這項交易。只有書豪
的經紀人蒙哥馬利持保留態度，他說書豪在亞特蘭大老鷹隊
打得好好的，為什麼要換隊？但最後還是同意了。

我所擔心的事

　　交易後，大家都在猜測什麼時候書豪可以上場。大概是交易後的第二場比賽，在第四節結束前幾分鐘，教練讓他上場了幾分鐘熱熱身，因為勝負早已定了。也大概是到了交易後的第三場比賽，半場休息結束後，教練才讓書豪上場。不知道為什麼，書豪連續投了 17 顆球，但都沒進。

　　我在電視機前面看到這個場景，心情感覺沈重，莫名的擔心湧上了心頭。我在想是不是因為他到了新的環境，新的隊友加上新的教練團隊，身心都還不太適應，所以上場才無所適從。

　　書豪從小到大，賽場上有

▲ 拿到冠軍當然高興，但是上帝已經安排書豪另有任務，只能從此離開 NBA。

幾次出現同樣的狀況，愈想愈不對勁，書豪這次在場上的表現，不只教練可能對他失去信任，我更擔心的是這個賽季結束後，說不定書豪就沒有在 NBA 打籃球的機會。

我馬上拿起手機，打給書豪的經紀人蒙哥馬利。這是我第一次這麼做，蒙哥馬利也趕快接了我的電話，大概也嚇了一跳不知道有什麼事情。我把我的擔心解釋了一遍，蒙哥馬利叫我不必擔心，書豪一定沒有問題，一定可以留在 NBA 的。

他的說法是，書豪在 NBA 已經有 9 年了，他的經驗可以教導剛進 NBA 的年輕人，這是每個 NBA 球隊都需要的，加上他在每個球隊人緣很好，大家都喜歡他，又是一位虔誠的基督徒，在球隊裡有正面的影響。對於他的說法，我也就半信半疑。

時移勢易，時不我予

接下來的一系列季後賽，到多倫多暴龍隊拿到 NBA 冠軍，由於教練對他失去信心，書豪上場的機會變得很少。我的擔心和疑慮一直縈繞著我的腦海，揮之不去。甚至到了暴龍隊的冠軍車隊，要在多倫多遊行，我還是心存疑慮。

我們全家除了我，都抵達了多倫多，唯獨我一人留在加州的家裡，提不起精神也沒有興致，直到最後一刻要登上遊

行車隊的前幾個小時，書豪在多倫多還打電話催促我趕快登上飛機來多倫多，說這是一輩子非常難得的機會。但我還是留在家裡。

球季結束，接下來暑假的幾個月，證明我的擔心是對的，書豪從此以後就沒有拿到 NBA 的合約。

書豪在 CBA

經過了諸多的轉折，林書豪決定和北京首鋼隊簽約，從 NBA 離開，回到了華人世界的北京。

北京首鋼：總冠軍功虧一簣，殘念！

2019 年 8 月 27 日，林書豪選擇簽約 CBA 北京首鋼，這是他在 CBA 的第一個賽季。同年 11 月 3 日，是他第一次在例行賽出現對陣天律先行者隊，他拿了 25 分 9 助攻 6 籃板，最後北京首鋼以 103：81 取勝。

整個賽季，書豪表現非常出色，但也打得很辛苦。因為對方採取多人包夾和貼身防守戰術，導致很多身體碰撞和出手甘擾，甚至故意製造犯規，受傷累累，北京首鋼最後還是過關斬將，戰到最後的冠亞軍總決賽，最終功虧一簣沒有拿到總冠軍。

▲ 書豪在北京首鋼，例行賽 25 分、5.7 籃板、5.6 助攻；季後賽 22.8 分、4.0 籃板、5.8
助攻。CBA 全年度最佳防守者提名。全明星賽拿了最高分的 41 分。「亞洲第一控衛」
當之無愧。

例行賽書豪平均每場有 25 分，5.7 籃板，和 5.6 助攻；季後賽平均每場有 22.8 分，4.0 籃板，和 5.8 助攻。他獲得了 CBA 全年度最佳防守球員的提名，也是 CBA 北區全明星賽的先發球員和北區得票數最多的球員，也是整個 CBA 得票數第二多的球員。他在全明星賽裡，拿了 41 分也是最高分。他的表現獲得大家的肯定，當時有「亞洲第一控衛」的稱號，也讓他有了嘗試回到 NBA 的念頭。

在球隊裡，他充分發揮領袖的氣質，比賽中以自己在 NBA 進攻得分和防守對位的經驗，無私地傳授和分享給隊友。每一場比賽，他的個人表現、防守意識、戰術執行，他都全力以赴，領導和提升整個球隊的進攻和防守來到另一個層次。沒有比賽的時候，他常常請隊友到他的住處，一起用餐、玩遊戲、聊聊天來放鬆比賽後遺留的緊張心情，儼然是這支球隊的老大哥。

不再回歸 NBA

和北京首鋼第一次約滿後，書豪在 2021 年 1 月 9 日，宣布加入金州勇士隊所屬的 G-League Santa Cruz Warriors（G-League 是 NBA 下的次級聯盟），嘗試看看有沒有機會回到 NBA。書豪在 G-League 打了 9 場比賽，每場平均得 19.8 分，6.4 助攻，且平均有 50.5% 的命中率，和 42.6% 的 3 分命中率。然而，雖然數據洋洋灑灑，最終還是沒能回到 NBA。

考驗——新冠肺炎對林書豪的影響

2021 年 6 月，書豪宣布重返 CBA 北京首鋼。9 月，書豪從美國加州飛到上海，出關後確診罹患新冠肺炎，住院治療將近 2.5 個月（77 天），體重下降 20 磅（9.1 公斤），體力大不如前。不僅體力下降，還因營養不足導致頭暈倒地，頭部撞到地板，輕微的腦震盪致使記憶喪失了一天左右才慢慢恢復。

這賽季，平均每場出賽時間，從以前的 32.1 分鐘下降到 22.5 分鐘，每場得分從以前的 25 分下降到 13.4 分；季後賽，也從以前的 35.3 分鐘下降到 22.7 分鐘，每場得分也從以前的 22.8 分下降到 17 分。從這些數據，可見體力受到很大的影響，短時間還不能恢復到以前的水準。

我在加州半夜或清晨都會起床，看書豪每場比賽的直播。總體來說，我感覺書豪每場比賽都打得很吃力，加上針對他的包夾和防守，體力上的負擔更是沈重，因為仍處於新冠康復期間，打起球來沒有像以前那樣具有主宰意味。

希望他從籃壇退休，成家、養育下一代的念頭，竟開始浮上了我的心頭。

離開廣州龍獅：書豪的油箱還剩下多少？

2022 年夏天，林書豪宣布跟廣州龍獅簽約。在簽約之

▲ 2019 年冬天，我們一起到北京虹橋珍珠市場逛街，在一間服裝店試穿中國式衣服並拍照留念。第一次穿如此地道的傳統服裝，父子倆都很很新奇和興奮。

前，我看到一篇報導，寫廣州龍獅教練說書豪在球隊的位置和另一位控球後衛重疊，我把這消息傳給書豪的經紀團隊研究，他們倒是把它當成一則消息而已。

不出所料，到 2022 年 12 月 29 日，賽季已進行將近 3 個月，書豪只出賽 7 場，每場上場時間是 11.2 分鐘。終於在廣州龍獅團隊的同意之下，書豪離開球隊，回到加州，繼續調養身體和恢復他的體力。

我對他提起是否退休和撫養下一代的想法的同時，我還提出了另一個想法。我說臺灣的 P. LEAGUE+ 每個星期比賽 1 場或 2 場，比較適合他目前的體能狀況，而且書緯也在 P. LEAGUE+，希望有朝一日看到他們兄弟倆在同一球隊打比賽，這是我的心願，也是我希望看到的！

書豪在臺灣

林來瘋到台灣：加入 P. LEAGUE+ 高雄鋼鐵人隊

2023 年 1 月，書豪宣布回臺灣加入 P. LEAGUE+（簡稱 PLG）高雄鋼鐵人隊，也掀起臺灣新聞媒體的熱烈報導。在書豪回臺灣報到之前，我會看書緯的新北國王隊每一場比賽的 Youtube 直播，自然會看到對陣高雄鋼鐵人的比賽。總感

覺高雄鋼鐵人似乎需要重建整個團隊，而且當時戰績是 2 勝 17 負。我擔心地對書豪說，加入這樣的球隊，他會很辛苦，後果如何也不知道。

2023 年 2 月 12 日，是書豪加入鋼鐵人隊的第一場比賽，對陣台新夢想家，雖然以 95：80 贏了比賽，在比賽第四節，他看起來體力不繼，而且整場比賽他的速度跟以前比起來也慢了些。賽後我問他為什麼，他說他已經有幾個月沒有打正式的籃球比賽，體力和速度還沒有恢復。

還好臺灣 PLG 每星期比賽 1 或 2 場，而且大多排在週末比賽，對書豪需要時間來恢復體力也比較有利。之後幾個星期的每一場比賽，我也看到書豪的體力和速度逐漸地恢復，比賽也愈來愈得心應手，自信心也漸漸地起來。

謝謝教練對他的信任，給他足夠上場的時間，適合的進攻體系，讓他的潛能再次發揮；也謝謝羅鈞諭調理師，每一場比賽後知道怎麼調養他的身體。

NBA 等級的防守和觀念的傳承

球季中，一支 2 勝 17 負不被看好的球隊，居然在接近球季尾聲，有機會進入季後賽，這是怎麼一回事呢？沒想到，

▲ 鋼鐵人隊由於書豪的加入，彷彿突然打通了任督二脈一般，隨後打出了 8 連勝，進逼季後賽機率大幅提升。（PLG& 鋼鐵人隊共同提供）

書豪從不後悔加入戰績差強人意的球隊，反而以此來激勵球隊每一位隊員，只要大家團隊合作，個人表現其次，相信戰績一定會更好。只要戰績有進步，縱使不見得可以進入季後賽，但已經是往前邁向成功的一大步了。

書豪自己充分發揮領袖的氣質。比賽中，以自己在 NBA 和 CBA 的經驗，無私地傳授和分享給隊友關於自己進攻得分和防守對位的秘訣；比賽暫停時，協助教練關於進攻戰術跑位的佈置；對外援用英文溝通，對本土球員用中文講解（雙聲道可隨時切換）；比賽後，和教練團隊一起看比賽的影片，看那裡有進攻戰術和防守對位可以改進的地方。

每一場比賽，他個人的能力、防守意識、戰術執行力，都百分之百全力以赴給球迷最好的表現，也成功幫助球隊提升戰力，更創造了 8 連勝的紀錄。

書豪總是鼓勵隊友說：「隊友幫你創造出來的空檔，你就相信自己並勇敢出手，不要管別人的流言蜚語，那就是最棒的！」這令我想起 2012 年，他如何帶領紐約尼克隊在兩位主將缺陣下以控球後衛的身份，提升球隊每位球員的戰力，帶領球隊創下 7 連勝。

超越勝負，快樂打球

書豪把加入鋼鐵人看成是他可以領導並提升全隊戰力的

機會，不求個人表現，而是以提振團隊實力與士氣優先，對整個球隊產生極大的影響。他上場比賽的舉手投足，鼓舞了隊友和粉絲。

他加盟鋼鐵人的時候，給自己立下三個目標，這三個目標他都達到了：

1. 全力為上帝打球。
2. 找回來對籃球的熱愛和快樂。（特別是在經歷連著兩個很難受的賽季之後）
3. 不管成績怎麼樣，付出百分之一百的努力，帶給球迷最好的表現。

PLG 正規球季在 2023 年 5 月 14 日結束，接下來是季後賽。正規球季的最後 7 個星期，書豪連續拿了 7 週的 MVP；也連續拿到了 3 月、4 月、5 月的 MVP。在 PLG，這是史無前例的。

回想 2012 年球季結束後，ESPN 評論說，書豪隻手把尼克隊送入季後賽。而在 2023 年的 PLG，專業籃球 YouTuber Jerry Bryant 說：「林書豪帶來的影響力，真像是那時候在紐約颳起的林來瘋帶到高雄來，那他到底是怎麼在攻防兩端，完美改善高雄鋼鐵人的體質呢？絕對不是那早已消逝的驚人第一步爆發力，而是『大腦』與『基本功』。」

▲ 書豪不只連續拿到了 3 月、4 月、5 月三個月的月 MVP，每場比賽的數據也都非常漂亮，徹底燃起了鋼鐵人隊晉級季後賽的希望。（PLG& 鋼鐵人隊共同提供）

林爸爸籃球小教室

書豪如何改善鋼鐵人隊體質？

Jerry Bryant 是一位相當優秀的籃球 YouTuber，解說專業、詳實且詳盡，關於書豪在鋼鐵人隊的攻防與各種觀念傳遞的解說，提供以下幾個 QRCode 給大家參考，細節就在影片裡，大家可以好好欣賞。

書緯受到書豪帶起的「林來瘋」狂潮的激勵和啟發，決心回到臺灣加入職籃，經過幾年的奮鬥，不僅僅獲得總冠軍、成為頂級後衛，現在還和書豪同隊，組成兄弟二人組，持續為華人籃壇提供正向影響。

被林來瘋啟發，決心也踏入職籃

2012 年 2 月 10 日，林書豪拿下個人生涯的新高 38 分，強壓西區強隊洛杉磯湖人隊（LA Lakers）和斬獲 34 分的超級巨星柯比‧布萊恩（Kobe Bryant）；相隔四天後，2012年 2 月 14 日，書豪率領 5 連勝的尼克隊來到多倫多對陣暴龍隊，再度上演奇蹟般的「零秒決殺」，終結了該場比賽。這兩場不可思議的比賽，對當時正在就讀大學一年級的弟弟書緯，產生了很大的影響。

2017 年 6 月 21 日，書緯回憶當時看哥哥在多倫多對暴龍

隊的比賽。他那時是紐約州克林頓漢密爾頓學院的一名新生後衛，正是剛剛結束自己比賽的幾天後，書緯正好和他的幾位漢密爾頓隊友在放映廳裡用投影機觀看了書豪在尼克隊對多倫多暴龍隊的比賽，書緯親眼看到哥哥投出了這令人無法置信、絕殺比賽的致勝一擊。

這樣耀眼的表現激勵了書緯，給了他前進的動力。在接下來的幾周裡，當書豪陸續登上《運動畫刊》（Sports Illustrated）和《時代雜誌》（TIME）的封面時，也給了正在琢磨自己未來的林書緯勇氣。之後，他決定大學畢業後要回台灣加盟職籃隊。

加入富邦勇士隊（Fubon Braves）

其實，書緯曾想過大學畢業後，他可能從事圖形設計（Graphic Design），或者開一家餐館，或者成為一名職業電腦遊戲玩家（Video Game player）。

然而，如上所述，由於受到哥哥書豪的激勵和啟發，讓他確認打職籃的決心。於是在畢業後不久的 2015 年夏天，他就和臺灣的富邦勇士隊（Fubon Braves）簽訂了職業籃球的合同。

2015-2016 和 2016-2017 年賽季

在富邦勇士隊（Fubon Braves）的兩個賽季裡，他說：

「比賽風格很不一樣，節奏非常快，這是一個過渡和適應的時期。」

在他的第一個賽季（2015-2016 年球季），他每場比賽平均得到 12 分；而 2016-2017 年球季，他上場 30 場比賽，每場平均得 11 分和 4 次助攻，但在強度更大的季後賽三場比賽中，每場平均更多，得到 15 分。

2017-2018 年賽季

這一年他和球隊表現得非常好，但是由於洋將受傷，使得書緯在總冠軍賽中，獨立難撐整個球隊，但個人英雄式的表現，可圈可點。無奈，最後還是落下英雄淚，無緣冠軍。在旁邊觀看比賽的親人包括我，也是很無奈，心有戚戚焉。

雙喜臨門：兩兄弟球隊同獲總冠軍

2018-2019 年球季

2019 年，書緯在富邦勇士隊資深教練許晉哲帶領下，球隊終於奪得第一次 SBL 冠軍。書緯在賽季中，是本土球員得分第二高，每場 13.4 分；助攻排第四位，每場 4.9 助攻。在總冠軍賽中，書緯每場有 14.3 分，2.8 籃板，和 5.3 助攻。總算圓了前一年沒拿到的冠軍夢。

▲ 林書緯在富邦勇士打出身價，並幫助球隊贏得總冠軍後，轉投新北國王隊，尋求更寬廣的打球空間。（PLG 提供）

　　同一年，眾所周知的是，書豪也跟隨多倫多暴龍隊拿到了 NBA 總冠軍。雖然對未來還是有很多憂慮，但是兩個都在打職籃的兒子能夠同時拿到總冠軍，自然還是一件值得高興且難得的好事。

2019-2020 年球季

　　由於環境的改變，書緯所在的富邦勇士籃球隊參加了東南亞職業籃球聯賽（ASEAN Basketball League，ABL），

這是跨國籃球聯盟，參加的國家大都是東南亞的國家，也有主場客場的制度，幾個月下來書緯表現很好，最後因新冠疫情的擴散，整個賽季也跟著結束。

2020-2021 年球季

書緯在的富邦勇士隊贏了 PLG 的總冠軍。附帶一提，這也是 P.League+ 成立後的第一個球季，富邦勇士隊即贏得了該聯盟的首個冠軍，更具特別的歷史意義。

2021-2022 年球季

書緯的富邦勇士隊由於已經成為兵多將廣的勁旅，再次贏得 PLG 的總冠軍，也順利完成衛冕。

不過，書緯雖然拿了兩次 PLG 的總冠軍，卻因為富邦勇士籃球隊有幾位以前是代表臺灣又是剛從 CBA 回來的好手，導致書緯上場時間少了很多，特別是在第四節的關鍵時刻，常常被換下來坐板凳，所以書緯在球季結束後，決定轉隊到新北國王隊（New Taipei Kings）。

書緯加入新北國王隊（New Taipei Kings）

2022-2023 年球季

書緯來到新北國王隊，教練給他許多上場的時間，書緯

也更能表現出他的能力，也更加激發他的潛力。

　　因為我觀察到他以前只能有零零散散的上場時間，有時候身體還沒有熱身過來，就被換下來坐板凳，所以表現起起伏伏不穩定，特別是在關鍵時刻就很難發揮他的拿手好戲。很高興看到他成熟的一面，能獨立判斷什麼樣的球隊和教練，更適合他以及展現他的潛能。

▲ 在新北國王的書緯已經蛻變為球隊的主力戰將，接下來，他也期許自己成為更能決定勝負的關鍵。（PLG 提供）

【第 20 堂課】
兄弟對決 & THE LIN'S

　　職業籃球的球齡非常有限，只有在年輕身體健康，才有本錢禁得起強度的對抗。有時我們也會談到，希望兩兄弟將來有機會在同一隊，一位打控球後衛，一位打得分後衛，幫助球隊打到聯盟的冠軍，甚至期許冠軍賽的 MVP 是 The Lin's，這也是值得期待的目標。

兄弟對決&兄弟同隊

　　總結 2022-2023 年球季兩兄弟的對決共有四場，結果是兩勝兩敗，平分秋色，對我這個父親來說，這個結果是最好的。

書豪平 PLG 聯盟單場得分紀錄

　　2023 年 4 月 23 日，在高雄主場的鋼鐵人對上了新北國王，這是球季第三次書豪對上書緯正港的兄弟對決的比賽。書豪

▲ 書緯和書豪的兄弟對決，不只炒熱了 PLG 的票房，更讓台灣職籃迎來了新一波的
質與量整體提升的機會。（PLG 提供）

得 50 分 10 籃板 11 助攻，獲取超級大三元，同時追平 PLG
聯盟單場得分紀錄，更在這場兄弟對決中獲勝。

　　詳細比賽內容放在下一頁的「林爸爸籃球小教室」的單
元中，給大家參考。

兄弟同隊需要緣分

　　由於書豪的受傷，鋼鐵人無緣季後賽。書豪也說，這個
暑假他需要好好想一想下個賽季，是退休還是繼續打籃球，
畢竟這跟他自己的身體狀況有關，還有他心理上是不是能承

書豪平 PLG 聯盟單場得分紀錄 50 分比賽細節

第一節／10：00，書豪左側左手運球連續閃過兩位防守者切入，右手上籃得分（2 分）；9：08 書豪運球，從中間長驅直入，並閃過兩位防守者，上籃得分（4 分）；8：42，書豪從中間右手切入得分＋罰球（7 分）又加上 2 次助攻。5：58，書豪和 Wendall 合作一個掩護擋切灌籃（pick-and-roll dunk）；5：25，右側海底撈月上籃（9 分）；4：42，右側擦板上籃得分（11 分），Manigault 防不住書豪；4：18 書豪中間切入有 2 罰的機會（13 分）；3：52，三分線弧頂一顆 3 分球（16 分）；2：44，第 2 次犯規下場休息，比數 25：23，領先 2 分。現場主播說鋼鐵人要贏這場比賽需要幾位像書豪這樣的球員。第一節結束，書豪已經得 16 分，比數 29：31，落後 2 分。

第二節／11：27，運球到中間背部擋住防守者再加速左邊切入右手上籃（18 分）；10：50，弧頂一顆 3 分球（21 分）；10：21 中間以背部擋住防守者加速躍起跳投得分（23 分）；8：40，已有 23 分 4 個助攻、5 籃板，比數 39：38，領先 1 分；8：05，中間切入中距離跳投（25 分）；

受父母親擔心他受傷所帶來的壓力、是否能繼續享受打籃球帶來的樂趣……等等。他也說，未來真不知道會如何，只能活在當下，專注過程、享受現在。

此書出版時書豪已經決定加盟弟弟的新北國王隊了，終於實現了兩兄弟在同一隊的夢想。接下來就是一起馳騁籃壇，看看能不能掀起雙林旋瘋！

6：26，蛇形切入中距離跳投（27 分）；5：56，左邊切入被犯規 2 罰 1 中（28 分）；4：57，運球過半場跳投，命中遠距離 2 分（30 分）；4：10 退場休息；2：56 回到球場上；第二節剛要結束之前，書豪又一記快速右切上籃（32 分）；上半場得 32 分破聯盟紀錄，比數 56：49 領先 7 分。

第三節／ 11：03，中間大號 3 分球（35 分）；7：45 下場休息，比數 67：55。6：55，回到場上。6：21，左側切入上籃（37）；6：04，拿到防守籃板馬上進攻，直入禁區拋投得分（39 分）；4：41，又一記 3 分球（42 分）；1：41，第 5 次犯規，比數 83：68；0：58 下場休息，拿了 42 分也破聯盟紀錄，加上 10 籃板 7 次助攻，本節結束時比數 87：74。

第四節／ 9：10 回到場上，比數 90：82。6：56，右側切入上籃得分加罰一球（45 分）。5：22，比數 96：96 平手；5：15，長射 2 分 + 1（48 分），已得 48 分 10 籃板 8 助攻，比數 99：96。4：49，2 罰球皆中（50 分），已得 50 分。觀眾響起 MVP、MVP 喊聲，但書豪示意不要這樣子，比數 101：98。4：12，6 次犯滿下場，拿下 50 分 10 籃板 11 次助攻，平聯盟單場得分紀錄，比數 103：100。球賽結束以 116：110 贏了這場比賽，創造了 8 連勝。

他是林書緯，不只是豪弟

2023 年 4 月 30 日，鋼鐵人 vs. 國王，在新北市新莊體育館，是國王主場，也是本季最後一場，同時非常精彩的兄弟對決。兩人都打得很好，和書豪對陣，書緯表現可圈可點，一點都不遜色，展現了他是書緯，更不只是豪弟的氣概，最後更帶領國王隊以 104：100 擊敗了鋼鐵人，並終止鋼鐵人的

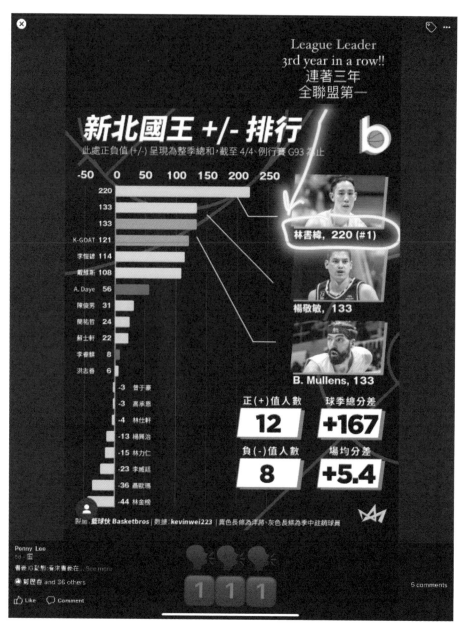

▲ 書緯在新北國王的正負值幾乎都超過 200，並且連續三年在聯盟皆為第一位，絕對是貨真價實的頂級後衛。（資料來源：籃球伙 BasketBros）

8 連勝。

書緯得 22 分，8 籃板，8 助攻；書豪得 37 分，14 籃板，12 助攻，又一次大三元的成績。雖然整體來講，國王隊實力比較強，且書緯得到 22 分，這也是國王致勝關鍵的因素之一。

另外，在書豪眼裡，弟弟是在籃球場上最被低估的球員之一。他還提到，截至 2023 年 4 月 4 日的數據，弟弟是該球

林爸爸籃球小教室

籃球正負值

籃球所謂的「**正負值**」，指的是「球員在上場的期間內，其所屬球隊整體比分輸贏的增減情況。」計算方式是：球員下場時其所屬球隊與對手的分數差距減去球員上場時其所屬球隊與對手的分數差距。數學公式即【（下場時球隊得分 - 對手得分）—（上場時球隊得分 - 對手得分）】。

這個數據設計目的主要是為了涵蓋一些無法用具體數據直接衡量球員場上表現而設置的指標，例如在團隊的合作下讓 1 位球員獲得投籃機會投進了 1 個 3 分球，雖然這個 3 分球在得分統計上只會記到這個射手身上，但在「正負值」統計上則會記到場上所有同隊球員的身上，以合理反映場上所有球員對球隊這 3 分的貢獻。

所以每場比賽下來，只要有上場的球員都會有這場比賽的「正負值」出現；同時，這個「正負值」愈大，代表這名球員上場後帶給球隊的幫助愈大。

資料來源：https://www.sportslottery.com.tw/zh-tw/news/gm-talk/3614

季 PLG 累積正負值唯一超過 200 的球員，過去的兩個球季弟弟也是全聯盟平均正負值最高的本土球員。他願意做籃板、助攻、防守……等任何事情，只為了成就球隊最好的表現，確保勝利，也是他目前已經擁有 3 枚冠軍戒指的原因。

兄弟對決，在場邊身為父親的我卻是心情矛盾，既喜且憂。喜的是兩人表現傑出，憂的則是怕兩人受傷，就不值得了。但是觀眾看得情緒跌宕、高潮起伏，喊聲叫聲此起彼落，場邊的我則另有一番滋味，真的很不好受。若有犯規、皮肉傷，我要保持鎮靜，靜觀情況；兩人任一方有好表現的時候，又要加油打氣。總之，五味雜陳。

運動傷害對運動員生涯的重大影響

受傷，是所有運動員和東家都必須面臨的最大的職業風險，但卻也是幾乎無法避免的事情，因此，唯有正面應對、降低影響，才能安然度過。

本文紀錄書豪的三次受傷和書緯的受傷，以及提醒如何避免，給大家參考。

書豪的受傷 1：臉部被肘擊，腦震盪

2023 年 5 月 14 日，高雄鋼鐵人對陣台中夢想家，這場比

賽決定哪一隊進季後賽，是萬眾矚目的一戰，也是球季最後一場比賽。賽事進行到第二節，書豪為搶籃板球，被對手的手肘意外擊中臉部，頓時昏迷，受傷倒地、頭部撞擊地板，導致輕微腦震盪。在隊友幫忙扶持下，到了休息室坐在沙發上，人是清醒的。

我坐在他旁邊，書豪的太太手握著他的手坐另一邊，他嘴巴說了幾次他不記得怎麼受傷的？怎麼到休息室的？我第一次碰到這種情況，嚇壞我了！醫療團隊們立刻送他到高雄長庚急診室診斷。在趕往醫院途中，得知急性腦震盪會有暫時的失憶，但通常休息一下記憶就會回來，當然進一步檢查確認身體和腦部無礙是必須的。這時，我才稍微放下心來，沒有事發時那麼驚嚇。

到了醫院，醫師立刻幫書豪照了腦部 3D 掃描，我坐在醫師旁邊，親眼看了 2 位醫師檢查書豪腦部掃描圖片，醫師們確定腦部沒有出血，這次受傷沒有大礙，但需要休息和觀察幾天，讓記憶恢復就沒事了。

書豪也正坐在我和醫師旁邊，我聽完醫師診斷，怕書豪不完全理解醫師的意思，我馬上跟他說沒事。事後書豪也說，看醫師在檢查他的腦部圖片，他心裡很緊張。還想著如果需

要腦部開刀，就決定以後不再打籃球了。感謝上帝恩典，此次書豪受傷沒有大礙。

過些時候，書豪更清醒一點、記憶恢復也多了一些。他問醫師說，他知道今天不能上場比賽了，但想回球場在休息室看電視轉播，不管輸贏，想和球隊渡過本季最後一場正規比賽，來鼓勵隊友，也感謝團隊和高雄鄉親的支持。醫師建議他最好回家休息，若想回球場，最多只能坐著觀看。最後書豪還是決定回到球場。

回到球場，第四節才開打不久，看見坐在周圍包括球隊的人，情緒高昂地為高雄鋼鐵人加油，坐在旁邊的太太，看見鋼鐵人進球，也興奮地站起來鼓掌拍手，大概也是為書豪受傷無法上場出口氣。我當然也為鋼鐵人加油，但心情總是沈重的，無法專注看球賽。

我人在球場，腦海裡卻回想著兩個情景。第一個是他在籃網隊第一場例行賽就受重傷，那晚回家半夜幫他開門的情景；第二個則是在雷諾看了他在發展聯盟的比賽，來回開車三次越過太浩湖時，我和太太替他擔憂的情景。所以，想到目前的狀況我怎麼也平靜不下來。又想到有朋友跟我說，就是喜歡看他切入上籃，這是他最擅長的招數，這也正是我最

替他擔心的動作。切入次數多了，身體碰撞的機會也增加了，受傷機會也跟著提高了；萬一進季後賽，我更擔心對方每場比賽都會設計專門針對他的防守戰術；還有一個，我更不願意看到兄弟對決，萬一受傷怎麼辦？

為人父母，看自己孩子的比賽，心境的起伏，不是外人可以理解的。我們擔心的事太多了，也只能幫他多禱告，一心只希望他早點退休，同時退休之前不要受傷，來日方長，求主賜下平安。

書豪這次的受傷，作為父親的我真的被驚嚇了好一陣子。我從來沒有過這麼無助的感覺，大概是因為他腦部受傷的緣故，擔心會影響到下半輩子的身體狀況。連隨行的兩位醫師都看得出我臉上的擔憂，過來安慰我說他們一定會照顧好書豪，叫我不必擔心。雖然一切沒事，但接著下來的一個星期，我腦海裡總是此起彼伏、想東想西，打亂了日常生活的節奏，希望書豪退休的想法日趨強烈，直到一陣子之後才逐漸恢復正常的作息。

我和我太太陪他到隔天中午，看他一切正常才離開回到台北。再隔一天書豪在台北西門町有活動，我們也到現場觀看他的活動，書豪也回答了球迷關心的受傷情況，一切沒事都很正常。活動完後，書豪和他的太太才飛到泰國休息渡假去了。

渡假完後回到美國加州繼續休息，想了一陣子，才通知家人，下一個球季他想再試試，因為上個球季的確帶給他恢復打籃球的樂趣。一方面我為他高興重拾打籃球的樂趣；一方面也看到他身體狀況逐漸恢復接近他以前的狀態；另一方面我也想著如何避免同樣或類似的受傷再發生。

我想了幾天之後，就回覆了一些話給書豪，放在下一頁的「林爸爸籃球小教室」單元裡面，跟大家分享。

書豪的受傷 2：髕骨肌腱破裂

2017 年 10 月 18 日，布魯克林籃網隊對陣印地安納溜馬隊，這是 2017-2018 年球季例行賽第一場比賽。書豪卻在運球上籃為避開防守者，落地時腳著地扭到，右膝髕骨肌腱破裂，整個賽季報銷，這是最嚴重的一次受傷。記得當天很晚，受傷回到家我幫他開門，一進門他馬上跟我說這次受傷蠻嚴重的，影片上我也看到他受傷的情況，馬上要他先去休息，等隔天照完核磁共振（MRI）後再做決定。

隔天早上，檢查檢果是決定馬上動手術，當天住院觀察情況，再過一天就回到住的地方。此後將近一個月，每天早上，我和我太太會輪流用現買的雞熬新鮮的雞精加上兩條冬蟲夏草，給他進補。

林爸爸籃球小教室

真正的問題不是再打一個球季，
而是如何避免同樣或類似的受傷再發生？

你的打籃球智商很高，但是嚴重的受傷可能會讓你在籃球上的成就顯得不值得，而且會讓後半生後悔不己。你擅長切入到禁區上籃得分，所以身體碰撞和被犯規的機會就多了，受傷大都是身體抓傷、鼻子流血，或者身體摔倒。但是搶籃板就不太一樣，若高個子搶到籃板，身體落下來時力道是很大的，此時若跳起進入他的空間搶他的籃球，可能被手肘撞到頭部倒地而導致腦部震盪，這是不值得的。

像史蒂芬・柯瑞（Stephen Curry）也是會切入上籃得分，但危險的動作他不去做，會保護自己，所以還能在 NBA 打球。因此，爸爸也勸你多練習外線得分，有空檔才切入上籃。超過 35 歲還在打籃球也不在少數，關鍵在於要懂得保護自己，凡事莫過於要有健康的身體，因為下半輩子還有太太和小孩要照顧，同時也不能讓父母操心。

還有，如果一個球隊單靠一位球員是走不了太遠的，因為只要對方針對防守住這位球員或這位球員不幸受傷，大致上球季就終止了。畢竟籃球賽是 5 對 5 的比賽，各個位置的球員必須各司其職之外，每位球員要以團隊為先、私人其次，球賽才更精彩也才更具競爭力。

因此，你不只心態要改變，打法也要改變，才能在你愛的籃球上面，長長久久，貢獻良多。

那時老大書雅就住在隔壁，大孫子才出生不久，有時候書豪就逗逗他玩，以解心情上的鬱悶，大致上書豪還是能處之泰然。我們也盡量陪他在電視上看影片或全家玩遊戲，也幫他填冰塊到冰膚機上，這是書豪每天需要用上好幾次的機器。

籃網隊的教練團隊對球員比賽過程的受傷，還是很有經驗，也知道哪裡有專業人士可以幫助書豪做復健。知道有NBA 球員曾經遭遇到此類的傷勢，後來復健成功重新回到球場，才比較不擔心，而且那時書豪才 29 歲還算年輕，我們也有信心他可以很快恢復健康。

之後球團決定送他到溫哥華一家專門給 NBA 球員做髖骨肌腱復健的中心，前前後後復健將近 5 個月才開始接受初步的籃球訓練，期間我和我太太也去溫哥華陪他幾個星期。我都陪他到復健中心，書豪有專業人士指導他做復健，我就會找跑步機跑步 30 分鐘到 60 分鐘，也會到室內的籃球場做籃球練習，無意中還被書豪的復健人員發現勾射是我的強項。

經過如此努力且完整的復健之後，書豪終於可以完好如初地回到球場。

書豪的受傷 3：半月板受傷

2012 年 3 月 24 日，紐約尼克隊對陣底特律活塞隊比賽後，

書豪左膝被診斷有半月板損傷，隔天我陪他到曼哈頓的一所醫院做手術，幾個小時手術完成拄著拐杖出來，我在門口等他叫了計程車回到住的公寓，整個手術過程算簡單順利，兩個月左右的復健即可恢復訓練。

當書豪半月板受傷時，尼克隊教練團隊有人提議說要不要繼續打下去直到球季結束，才去動手術。半月板受傷對職業籃球員來說是很普遍的，有些受傷輕一點的球員確實是打到球季結束才動手術；但如果過於疼痛是沒辦法繼續上球場的，需要馬上動手術，書豪是屬於後者。

手術後兩個星期左右，尼克隊就安排書豪開始做復健的療程，由專業人員負責，兩個月左右的復健即可恢復訓練。由於不是很嚴重的受傷，又有專業醫師和復健人員負責，我們也就比較放心了。

書緯的受傷：翻船扭傷

書緯的受傷大部分來自爭球或跳投身體下來時，腳踩到別人的腳或腳板扭曲，以致腳肌腱扭傷而引起的腳腫（翻船扭傷），所以我太太都會幫忙打聽哪位醫師專門治療這方面的傷害，前往就醫，到目前為止，通常吃止痛藥、冰敷、一陣子即可恢復。

▲ 2012 年，書緯是克林頓漢密爾頓學院（Hamilton College）籃球校隊的一員，他的腳扭傷療癒中。全家到學校去看他。

簡單來說，書緯擅長遠距離跳投，也會蛇形切入禁區找到空檔，書緯有左手或右手中距離跳投或拋投（floater）的能力，身體盡量避免碰撞和接觸到防守者，所以受傷機會也減少許多。

反觀書豪喜歡切入上籃和爭搶籃板球，身體碰撞接觸比較多，加上禁區人多，身體落下來時，腳容易意外踩到別人

的腳板，導致腳板扭曲著地（俗稱「翻船」），所以受傷機會自然也變大。

遠距離投射，確實是書豪需要加強的，若有穩定遠距投射能力，也可以拉開防守空間，以便於切入上籃。多變化的打法，不只可以混淆對手，增加得分機會，長遠看還能延長職業生命，一舉兩得。

從大陸到台灣

CBA 時期

▲ 左圖是書豪代表北京首鋼隊上場正在跳投的照片；右圖是2016 年，我和書豪、書緯在上海的一家有大水族缸的餐廳合影留念，他們兄弟倆不知為了甚麼事情在哈哈大笑！

▲
◀ 人說「不到長城非好漢」，因此，我和書豪利用比賽之餘的時間去登慕田峪長城。他還跳躍起來要「飛越長城」，象徵「龍騰飛躍」的意思。

▲ 左圖是 2013 年暑期，陪同書豪到大陸參加活動，順便到四川參觀成都大熊貓繁育研究基地，由於書豪的緣故，基地人員特別安排我們可以近距離接觸到熊貓（但是一定要穿戴藍色的無塵衣），這真是一生難得的經驗。右圖則是 2019 年冬天，書豪效力北京首鋼隊時，送給他媽媽和我各一件有簽名的球衣。

▲ 書豪在首鋼隊的比賽，即使是客場如在天津，依然廣受球迷歡迎，顯示他 NBA 等
　級的後場經驗，對大陸籃壇也具有啟示作用。

中華職籃時期 ▲ 書緯拍攝的代言照片。在台灣多年,他已經發展出
屬於自己的風格和一片天了,證明自己是任何球隊
都不可或缺的主力球員。

▲ 上圖是 2023 年 4 月 23 日，書豪（紅黑色球衣），在高雄鋼鐵人主場的比賽中上籃得分的情形。下圖是 2018 年，我和新浪的姜豐年董事長一起觀看 SBL 比賽。他除了推動籃球運動不餘遺力之外，更是書豪的貴人之一。對他就是「感謝，再感謝」。（PLG& 鋼鐵人隊共同提供）

▲ 書豪不只連續拿到了 3 月、4 月、5 月三個月的月 MVP，每場比賽的數據也都非常漂亮，
徹底燃起了鋼鐵人隊晉級季後賽的希望。（PLG 提供）

▲ 2023 年 4 月 30 日，書緯（左二，白色球衣 1 號）、書豪（黑色球衣），兩人在新北國王隊主場的比賽中對抗的情形。（PLG& 鋼鐵人隊共同提供）

▲ 2023 年 4 月 23 日，書緯（黑色球衣）、書豪（紅黑色球衣），兩人在高雄鋼鐵人主場的比賽中對抗的情形。（PLG& 鋼鐵人隊共同提供）

▲ 林書豪在加盟新北國王隊記者會上與總經理毛加恩共同簽屬加盟書。（新北國王隊提供）

▲ 林書豪在加盟新北國王隊記者會上與國王隊執行長陳信生（右二）、總經理毛加恩（右一）以及總教練萊恩（左一）合影。（新北國王隊提供）

▲ 林書豪在加盟新北國王隊記者會上與國王隊執行長陳信生一起拿起球衣合影。（新北國王隊提供）

▲ 林書豪來到新北國王，為新北市爭取榮耀。（新北國王隊提供）

▼ 林家兄弟同隊連線，一圓兩人籃球路上攜手共進的夢想。（新北國王隊提供）

▲ 由於書豪的加入，與弟弟書緯，還有封號「新北飆風玫瑰」的李愷諺組成強大的後衛陣容，讓禁衛軍戰力倍增。（新北國王隊提供）

▲ 兄弟倆在臺灣球場聚首後，兩人在我面前互相拿起自己的球衣，既是互相勉勵，也算互相示威。

力量篇
因信偉大

籃球、信仰和公益，
讓世界更好的 THE LIN'S

若彼得對神有百分之一百的信心，
他可以在水面上走到耶穌那裡。

【第 21 堂課】無論如何，和神一起當孩子永遠的頭號粉絲

　　2010 年 8 月，書豪和金州勇士隊簽下 NBA 合約，這是史上第一位華裔美國人做到的事情。當下大家都以為以後必定一帆風順、前途無量，沒想到神對他的考驗，才真正開始！

苦難中的祝福

　　2012 年，林書豪接受臺灣《商業週刊》（吳修辰、林俊劭、何明潔、李郁怡）訪問，談到如何渡過林來瘋之前事業低潮的心歷路程，刊載於 2012 年 2 月 23 日第 1266 期《商業周刊》中。文中提到在他心情最沮喪時，他最喜歡讀的經文是羅馬書 5 章 3-5 節，讓他有身歷其境，感同身受的巨大衝擊感。我不是拿書豪和保羅相提並論，只是用來說明為什麼保羅的這幾節經文會給書豪帶來這麼深刻的感受，也給他帶來這麼強烈的精神鼓舞。

「不但如此，就是在患難中也是歡歡喜喜的；因為知道患難生忍耐，」（羅馬書 5：3）

「忍耐生老練，老練生盼望；」（羅馬書 5：4）

「盼望不至於羞恥，因為所賜給我們的聖靈將神的愛澆灌在我們心裡。」（羅馬書 5：5）

話說 2010-2011 年球季，也是書豪的菜鳥球季，書豪有三次被下放到發展聯盟的經驗，這是書豪籃球事業生涯的最

▶ 感謝主，讓書豪得以在「患難生忍耐、忍耐生老練」中成長茁壯，父母除了默默陪伴，就是「和神一起當孩子永遠的頭號粉絲」就對了。圖為《商業周刊》2012 年 2 月 23 日發行，以書豪指天謝主作為封面主圖的第 1266 期當期雜誌。（《商業周刊》提供）

低潮，我和我的太太也只能全程大部分時間都陪著他。

患難生忍耐、忍耐生老練

美國社會對華裔美國人的刻板印象是「只注重學業不注重運動」。書豪從小學一直到哈佛大學，走了一條沒有人走過的路，他需要一直證明他可以打籃球。哈佛大學曾經產生過 8 位美國總統，50 多位諾貝爾獎得主。但是，上一次有哈佛畢業的 NBA 球員是在 1953 年，已經是 70 幾年前的事情。

書豪則改變了這一切。但是，他還是必須先通過神嚴酷的考驗才行。

由於 NBA 是世界籃球的最高殿堂，能進去的都是世界一流的籃球高手，競爭之激烈是可想而知，一般的菜鳥自然需要一段時間來適應 NBA 的打法。

2010-2011 年球季，書豪說真正讓他感到苦惱的是，想上場適應 NBA 打法的機會少之又少，導致可能讓很多粉絲失望的壓力。最後球隊經理和教練決定送他到發展聯盟，因為球團覺得在發展聯盟他會有更多的上場時間和磨練的機會。這樣的事情前前後後發生了三次，他一次又一次需要證明給球

團和教練看，他可以打籃球。

突破「失敗者」魔障

當書豪生平第一次到發展聯盟的時候，心情上很失望，心裡也非常恐懼，覺得自己表現不好，會讓所有的球迷失望。他的壓力其實也可以理解。做為華人，甚至亞洲人最有希望在 NBA 發展的球員，所受到的矚目和希望，自然而然都集中在他身上了，如此形成的壓力無比的龐大，當他一表現不好，這股力量就可能把他壓扁了。

所以，有一段時間書豪很後悔進了 NBA。籃球吞食了他，生活變得非常不愉快。恐懼可以讓一個人失去樂趣和盼望，而撐不下去，有幾個夜晚他躲在棉被裡，只有眼淚和他相伴，覺得自己是一個完全的失敗者。在他最軟弱和無助時，他學習到如何依靠天父，從信仰中獲得信心和力量。

球團三次下放書豪到發展聯盟。這時候，保羅寫下的「患難生忍耐、忍耐生老練」這句話激勵了書豪。和保羅一樣，書豪並不是要證明其他人對他的看法是不對的，或執意地要改變美國人對華裔美國人的傳統刻板印象；他只是想做他喜歡做的事，就是「打籃球」。為了「打籃球」，即使遭遇到

非常困難的環境，也需要忍耐，「患難生忍耐、忍耐生老練」

　　在這段期間只要有時間，他就會讀《聖經》，希望從《聖經》的話語中得到神的啟示和鼓勵，也常常靈修禱告。在他最軟弱的時刻，他學會了凡事倚靠上帝，全然交託，謙卑自己。

　　每場球賽，盡他最大的努力來見證主、榮耀主，不管是好是壞，結果如何就交給主，心情也慢慢地平靜下來。在發展聯盟，書豪由板凳球員逐漸變成先發球員，再由先發球員變成全方位的球員，自信心也逐漸恢復了，保羅這句話就在他身上發揮了作用。

林爸爸教養小教室

保羅 &「患難生忍耐、忍耐生老練」

　　由於宗教理念的背道而馳，猶太民間很有學問的法利賽人和當官的撒都該人，代表猶太人當地強大的宗教勢力，無所不用其極地想污衊保羅，甚至告到當時統治猶太地區的羅馬官員那裡，想藉著羅馬官員以莫須有的罪名判他入獄，將保羅置於死地。

　　而且保羅一生大多在外邦辛苦傳講基督的福音，好幾次被反對者用石頭打，曾被關進監牢，被鞭子打過，還遇上船難，也曾在曠野中赤身露體。

　　保羅為了自己的清白和傳講基督的福音，光是忍耐是不夠的，保羅需要老練和智慧，隨時隨地答辯那些人的控告和審問，和講解為什麼基督的福音是真正的福音，所以保羅才寫下「患難生忍耐、忍耐生老練」這句話。

聖靈將神的愛澆灌在我們心裡

我們當父母的，陪著他、安慰他、幫他禱告。看著他經歷著父母從來沒有經歷過的，承受的壓力連父母也無法想像的。也因為如此，書豪變成我們全家最勤奮讀《聖經》靈修和禱告，最虔誠、最愛主的一個人。

可能是我杞人憂天，在發展聯盟時，有一天晚上正和書豪、書緯吃晚餐，太太剛好出差不在，我心裡則想著：「以後書豪可能到歐洲或回到亞洲打籃球，或可能繼續留在發展聯盟，或可能休息一陣子，或可能出去找別的工作。」突然間，書豪、書緯看到我出神，同時問我說：「爸爸，你怎麼今天吃這麼少？」我回過神來，馬上又想到書豪隔天還有一場比賽，為了讓他多吃一點，就隨口回答說：「爸爸今天吃飽了」，我其實雖然還沒有吃飽，卻看到他們兩個吃得津津有味，心裡還是想著「真是讓小孩辛苦了」。

讓我感到欣慰的是，我們從小教育小孩功課的重要，他也順利從哈佛大學畢業，拿了經濟學的學位，即使出去找工作，應該不是很困難。更感謝神，從小我們就帶他們去認識主，也信主、經歷主，畢竟我們全家都是信主的，都是神的兒女，雖然不知道將來會如何，但神的愛必永遠跟隨著我們。

【第 22 堂課】
來自上帝的祝福

　　一個亞裔美國人、虔誠的基督徒、從哈佛大學畢業，可以從事很多行業，除了 NBA 以外！書豪來自一個非常普通的家庭，父母都從事電機和電腦工作，父母身材不高。只因教練信任他，在兩位明星球員受傷或家庭因素不能上場之下，帶領紐約尼克隊執行教練的戰術，在大約兩星期內創造了七連勝，掀起 NBA 海嘯，成為舉世聞名的林來瘋奇蹟。

　　事後來看，是神把每一個對書豪不利的因素，都變成給他的祝福，在人不能、在神凡事都能，神讓「紐約創造了林來瘋」。

萬事都互相效力，叫愛神的人得益處

一個 23、24 歲的青年，成為轟動全球的林來瘋，書豪並沒有沖昏了自己的頭腦，還是過著虔誠的基督徒生活，生活上並沒有迷失。因為，他徹底了解當他在事業最低潮時，他如何讀經禱告依靠上帝，上帝如何帶領他一路走過來，這一切都是神的祝福。

挫敗 1：晴天霹靂，被勇士隊揮棄

記得由於勞資雙方重啟談判的關係，2011-2012 年球季延遲到 2011 年 12 月 25 日才開始。當時的書豪滿懷信心，住的地方（靠近球隊練習的地方）也安排妥當，期待來臨的球季，他可以一展身手，好好表現一番。

沒想到第一天回球隊報到，馬上被球隊經理叫到辦公室，被通知合約被中止，他被釋出了，因為需要用他的資薪來湊足一部分的薪水，用來找一位身材高大的中鋒。但球隊口頭上也保證兩天後（NBA 的規定），若沒有其他球隊選他，球隊有權可以用更好的合約，簽他回來。

這消息如晴天霹靂，沒想到會是這樣，書豪失望地開車回到柏拉阿圖（Palo Alto）的家，馬上打電話和經紀人商量，

靜待下一步。雖然有球隊的口頭保證，因為第一次碰到這種情況，全家在心情上還是很擔心，特別是書豪，還好有哥哥和弟弟陪他玩電腦遊戲，放鬆一下心情。

挫敗 2：低谷徘徊，再被火箭隊甩開

兩天的時間快到了，突然間經紀人打電話來說，休斯頓的火箭隊選了書豪。隔天全家陪他飛到休斯頓，到火箭隊報到。經過測試和打了幾場的季前賽，教練喜歡他，想留下他。但球隊已經有 15 個人，除非交易走一位球員，才有可能留下書豪。

按照 NBA 的規定，書豪應該在 2011 年 12 月 23 日被火箭隊釋出。但火箭隊為了留下他，用兩天的時間嘗試交易走其中一位球員，但沒有成功，所以最後在 2011 年 12 月 25 日聖誕節，火箭隊才正式把書豪釋出。

否極泰來，尼克隊釋出之前，林來瘋出現！

剛好在同一天，紐約尼克隊的控球後衛伊曼‧尚波特（Iman Shumpert）受傷，其他幾位控球後衛也因受傷都無法上場，為了保險起見，尼克隊選了書豪。

而且更巧合的是，若書豪在 2011 年 12 月 23 日被正式釋

出，尼克隊就不可能選到書豪。因為按照 NBA 的規定，每隊只有 48 小時的窗口可以選球員來測試，意思是尼克隊只有 23 日和 24 日這兩天的時間可以選書豪來測試，而在這兩天尚波特還沒有受傷，書豪也沒有正式被釋出。

到了聖誕節，尚波特受了傷，尼克隊只能選其他的控球後衛來測試。而如果書豪提早在 23 日和 24 日這兩天被釋出，他就可能會先被其他球隊選走了。即使這兩天沒有球隊選書豪，按照勇士隊先前在口頭上對書豪的保證，到了聖誕節這天，勇士隊就有權力可以選書豪回去，若如此書豪還是不會到紐約尼克隊！

球員受傷、三連戰和兩大主力缺陣，成為林來瘋升起的氣流

因為封館的關係，使得 2011-2012 年球季成為縮短的球季，為了讓球賽場次被影響到最小，在縮短球季的每一個星期內，會排入更多的比賽場次，也因此偶爾會有連續三天晚上排了三場比賽，亦即所謂的「背對背對背的比賽」（連續三天出賽）。球員在體力上的負荷會更重，休息的時間會更少，受傷的可能性會增加。

在此情形之下，2011-2012 年球季，尼克隊的「背靠背靠背的三連戰」會在 2012 年的 2 月 2、3、4 日這三天進行。我們知道，林來瘋的第一場比賽發生在 2012 年的 2 月 4 日，也就是在「背對背對背比賽」的最後一場比賽。教練之所以最後決定讓他上場，正是因為連續三天比賽的關係，大部分球員體力上消耗太多，明星球員甜瓜卡梅羅‧安東尼（Camelo Anthony）也是在這一場球賽中受了傷。

接下來在 2 月 4 日的比賽後，另一位明星球員阿瑪雷‧史陶德邁爾（Amare Stoudemire）因私人原因缺席了之後幾場的比賽。從 2012 年的 2 月 4 日起的比賽開始算起，接下來連續的七場比賽，書豪是球隊的主要控球後衛，執行教練的戰術，掌控整個球隊的組織和進攻，在沒有兩位明星球員的助陣下，連續贏了七場，也就是造成世界瘋狂的「林來瘋」。所以，我們只能說，這是「神蹟」！

若上述事件缺欠了其中的任何一環或時間上沒有銜接得剛剛好，就沒有林來瘋的出現。但是讓上述事件在適當的時機接連發生，是奇蹟。這讓我想到下面的經文：

「我們曉得萬事都互相效力，叫愛神的人得益處，就是按他旨意被召的人。」（羅馬書 8：28）

永生和未來的榮耀才是恆常持久的

2013 年 8 月 25 日，在臺灣的 TVBS 電視台播放了一段訪問書豪和我以及我太太的影片，末尾主持人請我總結一下當天的訪問。

我說：「書豪的年紀會漸漸長大，動作會漸漸地慢下來，總有一天他會從 NBA 退休下來。從一有記錄的統計數據來看，NBA 球員的平均球齡是在 4.5 年到 5 年之間，球齡算是短的。NBA 球員在世上可看見的功名利祿，終究是要過去的，只有永生和未來的榮耀才是永恆的。」所以我就以下面的經文，不只是來鼓勵書豪，也是用來鼓勵我們大家。

「原來我們不是顧念所見的，乃是顧念所不見的；因為所見的是暫時的，所不見的是永遠的。」（哥林多後書 4：18）

書豪商標的特殊意義：對神百分百的信心

我們不只仰賴上帝，對上帝更要有百分之一百的信心。書豪在被下放到發展聯盟的那段期間，我很擔心他能否克服目前的難關和度過他人生的最低谷。當父母的，只能陪伴他，安慰他、幫他禱告，求神幫助。我也給他一套有二十五張的

CD，上面錄了一位名牧師二十五次的禮拜天講道，希望他在別的城市比賽時，若沒時間去教會，在旅館房間裡也可以聽這位牧師的講道信息。

我太太也以下面這段經文來鼓勵他。這段經文的意思是，即使處在困境中還是要對神有百分之百的信心，他也可以像彼得一樣行走在水面上，他也可以克服目前的難關。

彼得在水面上走，只因風大，就害怕而失去信心，以至於將沈下去，耶穌趕緊伸手拉住他。若彼得對神有百分之一百的信心，他可以在水面上走到耶穌那裡。（新約聖經馬太福音14：25～31）

由這段經文得到的啟示，我和書豪一起設計出他的註冊商標。這商標上面是 JL，代表書豪；下面是 7，代表傳達了神用七天創造宇宙一切，也代表神的完美；中間是水波狀，代表書豪對神有百分之一百的信心，他相信自己也可以走在水面上。（如下圖）

▲ 在書豪和金州勇士隊簽約後，我們就已經開始發想設計書豪的註冊商標。當初的設計概念，還是以呈現在籃球上的表現為主想法，後來才轉而為彰顯上帝。

▲ 2013 年暑假的「國泰夢想豪小子籃球訓練營」，我和書豪的超大型宣傳海報合影。
看到自己兒子能受到如此歡迎，才會有如此巨型的宣傳物，當爸爸的與有榮焉。

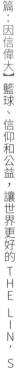

教養、宣教與公益

◀ 2015 年 7 月 17、18 日，連續兩天應邀在彰化市和彰化縣以「豪爸林繼明博士的教養課——為你解密林書豪的教養故事」為題進行演講。此為以我和書豪合照為主圖設計的宣傳海報。

▲ 2015 年 7 月 17、18 日，連續兩天應邀在彰化市和彰化縣以「豪爸林繼明博士的教養課——為你解密林書豪的教養故事」為題進行演講。現場來賓出乎意料的多，也問了許多教養的問題，我都盡力回答，希望能夠促進親子關係。

▲ 2017 年 3 月 26 日，到南投關心原住民生活，期望能夠做一些協助。

▲ 2014 年 8 月 6 日，我應邀到 WF 失親兒福利基金會的「2014 暑期職業探索培力營
　　——夢想下一代」活動演講，題目是「苦難中的祝福」，講述林來瘋發生之前的見
　　證。也邀請媽媽和大哥、二哥夫婦參加。

▲ 2014 年 8 月 3 日，我回到家鄉彰化縣北斗鎮的教會分享林來瘋發生之前的見證，會後在老家祖厝前和母親、叔叔林壽祿、教會兩位牧師以及諸親友一起拍照留念。

◀ 2017 年，我應沛錦農創育成中心的邀請，到工業技術研究院和各位先進分享教養小孩的心得。

新手父母不歸類 SX0025

把夢想的問號變成驚嘆號！

這是即使不打籃球的父母
也受益無窮的22堂體育與教養課

作　　　者	／林繼明
選　　　書	／林小鈴
主　　　編	／梁志君
文字整理	／蔡意琪

行銷經理／王維君
業務經理／羅越華
總 編 輯／林小鈴
發 行 人／何飛鵬
出　　版／原水文化
　　　　　台北市民生東路二段141號8樓
　　　　　電話：02-2500-7008　傳真：02-2502-7676
　　　　　網址：http://citeh2o.pixnet.net/blog　E-mail：H2O@cite.com.tw
發　　　行／英屬蓋曼群島商家庭傳媒股份有限公司城邦分公司
　　　　　台北市中山區民生東路二段141號2樓
　　　　　書蟲客服服務專線：02-25007718；02-25007719
　　　　　24小時傳真專線：02-25001990；02-25001991
　　　　　服務時間：週一至週五上午09:30-12:00；下午13:30-17:00
　　　　　讀者服務信箱E-mail：service@readingclub.com.tw
劃撥帳號／19863813　戶名：書蟲股份有限公司
香港發行／城邦（香港）出版集團有限公司
　　　　　香港灣仔駱克道193號東超商業中心1樓
　　　　　電話：(852) 2508-6231　傳真：(852) 2578-9337
　　　　　電郵：hkcite@biznetvigator.com
馬新發行／城邦（馬新）出版集團
　　　　　41, Jalan Radin Anum, Bandar Baru Sri Petaling,
　　　　　57000 Kuala Lumpur, Malaysia.
　　　　　電話：603-905-63833　傳真：603- 905-76622
　　　　　電郵：service@cite.my
　　　　　電郵：cite@cite.com.my

美術設計／劉麗雪
插畫繪製／巧巧小橘頭插畫設計工作室 Gtall Studio
製版印刷／科億資訊科技有限公司
初　　版／2023 年12月14日
定　　價／550 元

ISBN 978-626-7008-61-4（平裝）
ISBN 978-626-7008-60-7（EPUB）

國家圖書館出版品預行編目資料

把夢想的問號變成驚嘆號!:這是即使不打籃球的父
母也受益無窮的22堂體育與教養課／林繼明作. -- 初
版. -- 臺北市：新手父母出版：英屬蓋曼群島商家庭
傳媒股份有限公司城邦分公司發行, 2023.12
　　面；　公分
ISBN 978-626-7008-61-4(平裝)

1.CST: 親職教育 2.CST: 子女教育

528.2　　　　　　　　　　　　　　　112017269

城邦讀書花園
www.cite.com.tw